LA MAFIA DES TRIBUNAUX DE COMMERCE

DU MÊME AUTEUR

L'ENQUÊTE IMPOSSIBLE
Albin Michel, 1990.

LE PROCÈS IMPOSSIBLE
Albin Michel, 1992.

Antoine Gaudino

LA MAFIA DES TRIBUNAUX DE COMMERCE

Albin Michel

22, rue Huyghens, 75014 Paris

ISBN 2-226-10022-9

Aux millions de victimes de la mafia des tribunaux de commerce : salariés devenus chômeurs, créanciers privés de leurs dûs, dirigeants dépouillés de leurs biens.

À Me Philippe Monnet, qui a payé de sa liberté son combat contre l'omerta.

CHAPITRE PREMIER

La liquidation d'un avocat trop curieux

Mercredi 26 octobre 1994, 18 h 15

Attablé dans un coin du bar-tabac « Le Puget » à Marseille, je discute gaiement avec deux avocats et mon inséparable ami Alain Mayot qui, comme d'habitude, n'est pas en reste pour faire rire son entourage. Pour lui comme pour moi, la journée n'est pas terminée, nous en sommes seulement au quart d'heure récréatif. Alors que les bureaux ferment ou sont déjà désertés, nous avons encore beaucoup de travail. En effet, depuis presque un an, la brigade financière privée du cabinet qui porte mon nom ne cesse d'être sollicitée. Mon téléphone portable interrompt notre conversation.

Une voix grave trahit une détresse exceptionnelle. Je ne peux m'empêcher de demander, d'un geste de la main, à mes bruyants compagnons de table de baisser le ton. Au départ, il me semble mal comprendre. Je fais un blocage sur la nouvelle qui m'est annoncée. Mon visage affiche tour à tour incrédulité puis indignation. L'injustice dont j'écoute le récit rejoint dans l'énormité celle que j'ai subie, en mars 1991, lors de ma révocation de la police. Me Philippe Monnet, l'avocat de Saint-Brieuc qui m'appelle, m'explique qu'il a engagé depuis quelques mois, au nom de ses clients, une procédure pour malversations contre deux mandataires de justice des tribunaux de commerce de Saint-Brieuc et de Rennes. En guise de représailles, à trois semaines d'intervalle, il a subi deux perquisitions à son cabinet. Par des indiscrétions, il vient d'apprendre qu'il risque d'être jeté en prison le soir même.

Ce que je connais déjà de cette affaire me conduit à un affligeant constat : dans notre pays dit de droit, un juge d'instruction, sur réquisition d'un procureur de la République, peut décider d'embastiller un avocat alors que celui-ci ne fait que remplir son devoir de conseil. Je ne veux pas croire qu'une telle chose soit possible. J'ai trop combattu en faveur de l'indépendance des magistrats pour imaginer, chez certains d'entre eux, de tels dérapages. Ils servent la loi du silence et non la manifestation de la vérité.

Autour de moi, on a compris que l'appel est important. Mes compagnons interviennent auprès des consommateurs pour obtenir un calme général. Même l'acheteur de cigarettes est gentiment prié de revoir le niveau sonore de sa commande.

Face à une telle injustice, quel message de réconfort transmettre à la victime ? Comment réduire son angoisse alors que soi-même on est incapable de maîtriser une colère interne qui empêche de réfléchir comme il conviendrait ? Pourtant, lorsqu'un appel au secours de cette nature vous est lancé, les premiers mots pèsent lourd. Je gagne du temps en me faisant préciser certains points qui n'ont rien à voir avec l'essentiel. Je dois absolument sortir de la position du simple auditeur. J'improvise donc. Seuls les hommes qui savent résister aux pressions parviennent à changer le cours des événements. Mandela a dû rester près d'un quart de siècle en prison avant de voir triompher sa cause et disparaître l'apartheid. Beaucoup plus modestement, j'ai dû subir une révocation avant d'obtenir que s'engagent les procès contre la corruption politique.

— Philippe, votre combat ne fait que commencer. Vous n'êtes pas seul, vous serez sorti du trou dans peu de temps. Serrez les dents. Ce n'est qu'un mauvais moment à passer.

Un ex-flic réconfortant un avocat avant la prison, à cause de la décision d'un juge d'instruction prise à la suite d'une plainte de vrais magouilleurs, la situation est franchement surréaliste.

Jeudi 27 octobre 1994

Les craintes de Philippe Monnet se sont concrétisées. À 2 heures du matin, son avocat, Me Jean-Marie Job, du barreau de Paris — que j'ai connu dans le cadre du procès Sormae [1] —, m'appelle pour me confirmer l'incarcération. Depuis le début, les dés sont pipés. La veille, dès 7 heures du matin, au lieu d'une simple convocation, les gendarmes ont été envoyés chez Me Monnet pour lui délivrer un mandat d'amener alors que son cabinet se situe à quelques centaines de mètres du palais de justice. Sur intervention de ses avocats, le procureur de la République, reconnaissant le caractère vexatoire d'un tel procédé, a accepté que Me Monnet se présente devant le magistrat instructeur en fin de soirée, au terme de la perquisition en cours. Or, parmi les prétendues justifications de sa détention, le juge chargé de l'information note « une tentative d'échapper aux mesures coercitives », faisant ainsi allusion à la non-exécution du mandat d'amener ! Bien que l'accord du procureur ait été aussitôt rappelé à ce dernier par un des avocats de Philippe

1. Première grave affaire de « fausses factures », dite du Sud-Est de la France, découverte en 1989 à Marseille et jugée en décembre 1991 à Paris. Elle a surtout été à l'origine de la mise au jour du dossier Urba.

Monnet, le représentant du parquet local n'a pas daigné répondre.

J'ai passé une mauvaise nuit en pensant à Philippe Monnet. Je n'ai cessé de me répéter qu'il fallait réagir vite sans trop savoir par où commencer. L'injustice est encore plus insupportable si elle est perpétrée dans le silence. Il convient donc d'organiser la riposte. Écrire. Oui, m'adresser directement à l'auteur du trouble pour lui dire ce que je pense de ses procédés. Je connais les éléments de la plainte déposée par Me Monnet, dans le cadre d'un redressement judiciaire décidé par le tribunal de commerce de Saint-Brieuc envers une société. Il réclame la mise en œuvre de l'action publique contre les agissements d'un administrateur judiciaire et d'un représentant des créanciers. Sa démarche est courageuse ; je l'ai déjà soutenu publiquement après les premières mesures de rétorsion prises contre lui : une perquisition dans son cabinet pour confisquer le dossier gênant. Dès le 8 octobre, je n'ai pas hésité à marquer le coup en dénonçant les pratiques utilisées en faveur d'une « caste qui se veut intouchable ». Il s'agissait bien évidemment des personnes visées par la plainte des clients de l'avocat briochin. J'ai étudié le dossier Monnet et suis acquis à sa cause. Les documents qui m'ont été envoyés dans la nuit, par fax, me confortent dans mon idée. Je rédige donc une lettre ouverte au juge d'instruction de Saint-Brieuc :

> « Au cours de ces dernières années, je n'ai cessé, publiquement et au mépris de ma carrière, de défendre l'indépendance des magistrats dans le souci de voir respecter le cours normal de la justice. Aujourd'hui, la manifestation de la vérité vient d'être gravement menacée, non plus du fait de l'intervention du pouvoir politique, mais par la décision intolérable d'un magistrat instructeur. Vous venez en effet, et

contre toute logique élémentaire du droit, de placer en détention, cette nuit à 2 heures du matin, un avocat briochin, Me Philippe Monnet. Cette incarcération a pour origine une plainte avec constitution de partie civile, déposée au nom de ses clients, par ce conseil, à l'encontre d'administrateurs judiciaires. Si le préjudice considérable subi par les clients de Me Monnet (employés et créanciers d'une société déclarée en redressement judiciaire) ne semble guère avoir été pris en considération, il n'en a pas été de même de la plainte en riposte des administrateurs judiciaires, déposée contre l'avocat, pour subornation de témoins, alors que ce dernier assumait courageusement son rôle de défenseur face à des personnalités protégées par l'impunité. Dès le 5 octobre dernier, vous opériez une perquisition dans le cabinet de cet avocat, le démunissant ainsi de son dossier et l'empêchant de poursuivre la défense de ses clients. Le caractère scandaleux de cette première mesure est aujourd'hui éminemment aggravé par une incarcération tendant à faire pression sur un membre du barreau devenu gênant. Ce qui semblerait ne plus relever de la loi pénale, mais de l'inconscience, souligne la dangerosité du pouvoir des juges lorsqu'il est utilisé à mauvais escient, surtout quand celui-ci a pour conséquence d'entretenir la loi du silence autour de pratiques condamnables se rapportant à certains notables chargés du devenir d'entreprises en difficulté. Cette manière d'utiliser aujourd'hui le mandat de dépôt, comme naguère la lettre de cachet, pose un réel problème qui touche à la fois les droits de la défense et entraîne des conséquences catastrophiques dues à d'irréparables dérapages judiciaires. Cette situation pour le moins hallucinante, hélas corroborée par certains autres excès, aura pour seul mérite de mettre en évidence et de manière urgente la nécessité de débattre sur les limites indispensables du pouvoir des juges, face aux décisions qu'ils peuvent être amenés à prendre, seuls et en toute irresponsabilité. En conclusion, pour prémunir la société contre ce type de dérive procédurale, force est de reconnaître qu'il vaut mieux laisser en liberté, avant jugement, un M. Carignon, un M. Tapie, plutôt qu'avoir un Me Monnet injustement emprisonné. »

Samedi 29 octobre 1994

J'ai également écrit, la veille, au garde des Sceaux, à l'époque Pierre Méhaignerie, pour attirer son attention sur le « caractère hallucinant que représente l'incarcération de Me Monnet ». Aucune réponse. Cet homme politique centriste avait pourtant vivement dénoncé dans les médias ma révocation de la police. Il y voyait une grave atteinte au fonctionnement de nos institutions. À l'époque il appartenait à l'opposition. Lors du changement de majorité, en mars 1993, les nouveaux dirigeants se sont empressés d'oublier mon cas. La lutte que j'avais menée contre les socialistes et leur tentative d'escamotage judiciaire de l'affaire Urba avait donc été exploitée par la droite plus par opportunisme qu'avec sincérité. Après mars 1993, les dossiers de corruption la visant ont confirmé ce diagnostic. Aucun parti n'a, sur ce sujet, les mains vraiment propres. La grande nouveauté, et elle est de taille, tient au fait que l'opinion, depuis notamment la publication de *L'Enquête impossible* en octobre 1990[1], tolère difficilement que les gouvernants entravent l'instruction des dossiers dits sensibles. Les affaires touchant les ministres Alain Carignon et Gérard Longuet ont pu éclater lorsque Edouard Balladur était chef du gouvernement. Les pressions de la Chancellerie — illustrées

1. Albin Michel.

naguère par Henri Nallet pour stopper l'instruction de l'affaire Urba — paraissent s'être atténuées. Toutefois, ce n'est que grâce à une pétition lancée à l'Assemblée nationale et au Sénat, notamment par Philippe de Villiers, que j'ai été réintégré dans la police le 8 décembre 1993. Ma dignité ainsi retrouvée, j'ai pu alors quitter la « grande maison » la tête haute, en démissionnant le 10 janvier suivant. Soit deux semaines avant que je ne rencontre pour la première fois Philippe Monnet.

Son côté opiniâtre ne pouvait que me plaire. Spécialiste de la législation commerciale, il avait lancé une procédure, tranchée à son avantage, devant la chambre commerciale de la Cour de cassation, en juin 1994. Pour la première fois, les fameux décalages de dates concernant tant les opérations de crédit que de débit des chèques devaient être justifiés par la banque. Dans le cas contraire, la date de valeur à appliquer est celle de la remise des chèques. Pour tous ceux qui, au vu de leurs relevés bancaires, ont exigé en vain des explications sur le fait que débits et crédits sont avancés ou retardés, cet arrêt est d'une extrême importance.

Dans l'affaire qui met en cause le milieu consulaire briochin, Me Monnet m'apparaît, à nouveau, d'une rare pugnacité. Avant de le connaître, je croyais que pour ensevelir un dossier, il était plus difficile de sanctionner un avocat qu'un policier. Quelle naïveté ! Me Monnet vient d'être embastillé, ce qui représente à mes yeux le summum de la sanction arbitraire.

Ma lettre ouverte n'a suscité aucune réaction du parquet ni du magistrat instructeur de Saint-Brieuc. Une citation en correctionnelle pour diffamation a été envisagée à mon encontre, mais encore faudrait-il être sûr que la sanction prise contre Me Monnet ne relève pas d'un abus de droit. J'attends. Philippe Monnet a déjà passé trois nuits en prison. Son épouse Françoise m'écrit pour me faire part de son état. Ses conseils ont fait appel de sa mise en détention devant la chambre d'accusation de Rennes. L'audience est fixée au 10 novembre. Onze jours pendant lesquels il ne doit surtout pas craquer. Je n'ai d'autre possibilité que de lui adresser à la maison d'arrêt de Saint-Brieuc un message, dont je sais qu'il sera préalablement lu par le juge qui a ordonné son incarcération :

« Cher ami,

« Chez tous ceux de mon entourage, avocats et magistrats, à qui j'ai parlé de votre dossier et des décisions judiciaires prises à votre encontre, la réaction fut unanime. Consternation d'abord. Vive indignation ensuite. Je n'ai pas eu besoin de ce vaste mouvement pour me ranger à vos côtés. La condamnation générale de l'action du juge me conforte pleinement. Je suis convaincu que le 10 novembre marquera la fin de votre cauchemar. Je ne doute pas un seul instant que les conseillers de la cour d'appel de Rennes, respectueux du droit et éclairés par vos défenseurs sur la réalité de la situation que vous avez eu à souffrir, mettront un terme à cette triste farce. Il reste donc un peu plus de dix jours et dix nuits à patienter. Face à une vie, ce laps de temps ne devrait rien représenter. Mais dans certains cas, on peut imaginer que toute une vie peut être déstabilisée par quelques jours dans l'étau de l'injustice. En vous rappelant que c'est rarement à la victime de se remettre en cause, j'espère que vous conserverez toute votre énergie pour continuer à vous battre contre ceux qui, pour vous atteindre, n'ont pas hésité à mettre à mal la justice qu'ils étaient censés servir. Jean-Marie Job a dû vous faire part des actions menées depuis jeudi. Je n'y reviendrai pas, mais je n'ai pas l'intention d'en rester là. Votre combat est devenu le mien et j'espère mériter la confiance que vous avez bien voulu placer en moi. Vous n'êtes pas seul dans cette lutte... Surtout ne désespérez pas. Votre victoire sera aussi celle de toute votre profession. »

Jeudi 10 novembre 1994

Je suis extrêmement confiant. Ce que l'on reproche à Philippe Monnet n'a aucun sens en droit et ne peut justifier une détention qui en est déjà à son quatorzième jour. En novembre 1993, il a déposé plainte avec constitution de partie civile devant le doyen des juges d'instruction de Rennes, pour le compte de ses clients — dirigeant, salariés et créanciers de l'entreprise Guérin implantée à Trémorel dans les Côtes-d'Armor.

La société a été déclarée en redressement judiciaire en avril 1991 par le tribunal de commerce de Saint-Brieuc. Les juges consulaires ont ensuite désigné Mes Michel Robert et Daniel David, respectivement en qualité d'administrateur judiciaire et de représentant des créanciers, pour conduire cette procédure jusqu'à la cession à une autre société, la SVA, située à Vitré, commune dont Pierre Méhaignerie est maire. Les éléments réunis par Me Monnet font ressortir que les opérations ont été traitées de manière contestable sur le plan du droit. Les délits qu'il a mis en apparence n'ont rien de bénin : abus de biens sociaux, faux et usages de faux, détournements d'objets gagés et ventes sans factures.

Aussitôt, et avant que la justice ne se penche sur les agissements dénoncés, les mis en cause déposent, en guise de réaction, plainte contre Me Monnet pour diffamation et subornation de témoins. Dès le départ, l'anomalie, qu'un simple étudiant en droit serait à même de souligner, consiste en l'impossibilité de se prévaloir d'une diffamation née d'une plainte que la justice n'a pas encore déclarée mal fondée. Pour contourner cette logique, le parquet de Saint-Brieuc disjoint malicieusement le premier grief du second. C'est donc la subornation de témoins qui est retenue contre Philippe Monnet. En d'autres termes, il est mis en avant que la plainte déposée par Me Monnet pour le compte de ses clients reposerait sur des allégations mensongères faites contre promesses d'argent. Atterrant ! Les faits n'étant pas prescrits ni a fortiori infirmés, rien n'interdit légalement à des personnes de dénoncer à la justice pénale, par le biais de leur avocat, des opérations frauduleuses qui ont pu leur créer un préjudice. Considérer qu'un conseil suborne ses clients en engageant une procédure en leur faveur reviendrait à vider la profession d'avocat de sa raison d'être. Tout démontre donc que le mandat de dépôt dont Me Monnet fait l'objet n'a d'autre but que de faire pression sur lui. Pour tenter de légitimer l'envoi de l'avocat derrière les barreaux, outre les classiques motifs du style « préserver l'ordre public du trouble causé par l'infraction », il est également fait état d'un autre grief. En le découvrant, il m'a été impossible de ne pas monter au créneau en faxant, dès le 7 novembre, un courrier à Me Jean-Marie Job :

« J'ai appris de source judiciaire à Saint-Brieuc que Me Philippe Monnet se serait vu "justifier" son placement en détention, notamment sur la base d'une "publicité tapageuse" qui a suivi la perquisition effectuée dans son cabinet, le 5 octobre 1994. Il s'agit là d'un grief dont la nature, déjà plus que surprenante, me paraît largement aggravée par l'absence de tout fondement. En effet, ce n'est pas Me Monnet qui a organisé, le 10 octobre dernier à Rennes, la conférence de presse à l'origine de la médiatisation de son affaire, mais uniquement moi. J'assume cette initiative sans la moindre restriction. Il suffit d'ailleurs de se reporter au contenu du communiqué de presse du 8 octobre pour constater qu'il a été rédigé et transmis par mes seuls soins. Je tiens en outre à préciser, ainsi que vous avez pu le noter du fait de votre présence à ladite réunion, qu'en aucun cas Me Monnet n'a pris la parole face aux journalistes. Ceci explique la raison de l'absence de tout propos de sa part dans les articles de presse parus après cette manifestation. Il va de soi que si vous jugez utile de produire ce témoignage auprès de la chambre d'accusation de Rennes, qui aura à statuer sur la demande de mise en liberté de Me Monnet, vous disposez de mon total accord. »

La France est, dit-on, à la pointe des libertés publiques. C'est possible, mais pas à Saint-Brieuc. Un élément me rassure : Renaud Van Ruymbeke, nationalement connu pour son impartialité, fait partie de la chambre qui va décider, en appel, du sort de Me Monnet. Tout porte à espérer que la justice de Rennes est d'un autre ordre que celle qui se pratique à Saint-Brieuc où un magistrat ne cachait pas sa forte inimitié vis-à-vis de l'avocat. Cette hostilité ressort d'un courrier remis à Philippe Monnet, le 27 mai 1994, par une ancienne collaboratrice :

« Je me dois de vous indiquer qu'à mon arrivée au barreau de Saint-Brieuc, j'ai été reçue au parquet. On a visiblement cherché à me décourager de poursuivre ma collaboration à vos côtés. En effet, on m'a indiqué : "Les collaborateurs de Me Monnet sont envoyés au casse-pipe" et, par ailleurs, ce qui m'a profondément choquée, on m'a indiqué également qu'"on ne vous aimait pas". Ces termes préjugent des décisions qu'on peut rendre puisque, apparemment, d'après ses propos, il était clair que, lorsque vous interveniez dans un dossier, il n'y avait pas de votre part d'"honnêteté intellectuelle". J'ai été profondément révoltée par ces propos [...]. Il est à craindre que lorsque vous aurez affaire à ce type de magistrat, les décisions rendues ne soient pas véritablement équitables. »

Vers 18 heures, je reçois un coup de téléphone de Me Jean-Marie Job :

— C'est gagné ! Philippe Monnet est enfin libre, il appellera dès qu'il en aura terminé avec sa levée d'écrou.

La nouvelle n'est pas faite pour m'étonner mais elle me rassure. Les connivences pour priver de liberté un avocat sont manifestement limitées à cette circonscription de Saint-Brieuc. À 19 h 15, c'est au tour de Me Monnet de m'appeler. Sa voix traduit une véritable émotion :

— Monsieur Gaudino, je tenais personnellement à vous remercier pour votre précieux soutien et surtout pour la lettre que vous m'avez adressée. Elle m'a aidé à surmonter ces jours et ces nuits interminables passés à me demander ce que je faisais derrière les barreaux.

Je laisse l'homme à la joie d'une liberté qui n'aurait jamais dû lui être retirée. Par la suite, la lecture de l'arrêt de la chambre d'accusation de Rennes me renforce dans cette opinion. Pour ordonner la mise en liberté de Me Monnet, les magistrats relèvent que son placement en détention provisoire n'était justifié « ni pour les nécessités de l'instruction ni à titre de sûreté ». Ce qui est déjà clair s'adosse à une considération encore plus lumineuse. Les juges de la cour d'appel soulignent qu'« il appartiendra à l'information en cours de réunir tous les éléments susceptibles de caractériser le délit de subornation de témoins pour lequel Me Monnet a été mis en examen ». La messe est dite. Dans un langage plus précis, l'incarcération ne reposait sur aucune base légale, l'infraction n'étant pas établie en l'état de l'information. C'est donc bien en dehors de toute faute pénale que Philippe Monnet a été sanctionné. Pour voler au secours des mandataires de justice et neutraliser Me Monnet, les magistrats de Saint-Brieuc n'ont pas hésité à l'expédier dans une geôle sous couvert d'un « délit impossible ».

Parmi les cas qui doivent donner à réfléchir sur la nécessité de réprimer, disciplinairement ou même pénalement, les dérapages constatés chez les juges, celui de Me Monnet figure en bonne place. Dire que les magistrats de Saint-Brieuc ont une grave responsabilité dans cette affaire relève de l'euphémisme. Tout porte à croire que leur logique s'est résumée à un seul objectif : l'élimination de Me Monnet. Il est intéressant de relever que c'est le même SRPJ de Rennes qui était chargé d'enquêter sur la plainte transmise par l'avocat de Saint-Brieuc au juge d'instruction de Rennes, et sur celle transmise par les deux auxiliaires de justice au juge de Saint-Brieuc. Or, le premier dossier, qui met gravement en cause pour malversations un administrateur judiciaire et un représentant des créanciers, a été mis en sommeil, alors que le second qui ne pouvait démarrer qu'après la fin de l'enquête dans le premier, a pourtant suscité le zèle du SRPJ de Rennes. Bien au-delà même de ce que la déontologie impose !

Une lettre, adressée le 21 juillet 1994 par une cliente de Me Monnet au magistrat, est confondante sur les méthodes utilisées :

> « Monsieur le juge d'instruction,
>
> « Je vous écris suite à la visite de l'inspecteur V. le 21 juillet dernier à mon domicile. Il est venu seul. J'ai été interrogée en présence de X., mon concubin. L'inspecteur m'a indiqué qu'il était chargé par vous-

même de mener une enquête, suite à la plainte qu'ont déposée Me David et Me Robert contre Me Philippe Monnet pour subornation de témoins. Il m'a précisé [...] : "C'est la réponse du berger à la bergère." Je n'ai pas compris ce que cela voulait dire.

« Je tenais à vous écrire personnellement pour vous indiquer que l'inspecteur avait dénaturé mes déclarations. À la question : "Que veut dire se constituer partie civile ?", j'ai répondu : "C'est quand on s'estime lésé ou victime d'une infraction, on fait une action en justice pour demander réparation." À ma surprise, l'inspecteur m'interpella en me disant qu'il "ne me demandait pas la définition" ! Il m'a demandé de répondre simplement par oui ou par non. Interloquée, j'ai répondu que je ne comprenais pas ce qu'il voulait dire par là. C'est lorsque j'ai lu le procès-verbal d'audition que je me suis aperçue que l'inspecteur avait dénaturé mes déclarations puisqu'il avait seulement inscrit : "Je ne sais pas ce que cela veut dire." [...] L'inspecteur a donc sorti cette phrase de son contexte et a omis de transcrire la définition que je lui avais donnée en faisant ainsi croire que je ne savais pas ce que voulait dire "se constituer partie civile". C'est la raison pour laquelle M. X., qui était présent lors de l'audition, m'a conseillé de ne pas signer le document. J'ai de mon côté insisté pour qu'il retire la phrase de ma déposition. Il a refusé et m'a indiqué qu'il connaissait ses droits et qu'il les ferait valoir à mon encontre si je ne signais pas. Affolée, et sous la pression de l'inspecteur, j'ai signé le PV qui ne correspond pourtant pas à ce que j'ai déclaré, l'inspecteur m'ayant indiqué que de toute façon cette phrase n'avait aucune importance. J'ajoute que l'inspecteur a refusé de prendre note de mes déclarations sur Me Robert concernant la liquidation des Ets Guérin en ma qualité de suppléante des délégués du personnel.

J'avais pourtant déclaré, concernant Me Robert, que pendant le redressement judiciaire, lors du vote du comité d'entreprise avant le jugement du 15 juillet 1991, Me Robert avait influencé le vote du comité en faveur de la SVA. J'ai ajouté que, par la suite, lors d'une réunion du comité d'entreprise avec Me Robert, j'avais demandé ce que deviendrait le personnel administratif et export. Me Robert m'a répondu : "Il y aura des wagons", sous-entendant des licenciements. »

Incroyable mais vrai, la police, en travestissant la réponse de la personne entendue, dérape. Le procédé est utilisé pour tenter de donner consistance au délit de subornation de témoins. C'est franchement misérable ! Sur sa lancée, le juge, en principe chargé d'instruire à charge et à décharge, se garde de prendre en compte cette pièce, pourtant produite trois mois avant l'envoi de l'avocat au trou. Ce magistrat adepte du mandat de dépôt n'est pas toujours aussi vigilant. En effet, un mis en examen dans une affaire criminelle a dû être libéré : le juge avait oublié de renouveler son titre de détention...

Pour briser l'élan de Me Monnet et l'empêcher de monter à l'assaut des dérives qui affectent les tribunaux de commerce, on n'a pas lésiné sur la machination. Depuis sa sortie de prison, il y a maintenant plus de trois ans, il n'a jamais été entendu sur le fond de ce qui lui avait été reproché lors de son incarcération. Le non-lieu, parfaitement motivé par ses avocats, s'est malgré tout heurté à un refus du juge. La situation devient kafkaïenne puisque le législateur n'a pas prévu la possibilité de faire appel de la décision de refus de non-lieu prise par un juge d'instruction. D'un autre côté, bien que la Cour de cassation ait annulé la perquisition effectuée à son cabinet le 5 octobre 1994, au cours de laquelle des documents relatifs aux mandataires de justice avaient été saisis, Me Monnet attend toujours la restitution de son dossier ordonné par la cour d'appel de Caen... le 22 mai 1996. Étrange État de droit.

Peu respectueux des décisions qui leur sont imposées, les magistrats de Saint-Brieuc n'ont, en outre, pas fléchi dans leur volonté de briser l'avocat. Faute d'avoir pu l'abattre la première fois, ils ont opté pour une solution moins rude mais plus efficace. Par le biais de l'ouverture de deux nouveaux dossiers, ils l'ont placé, depuis juillet 1995, sous contrôle judiciaire. L'interdiction choisie ? Celle qui le prive d'exercer son métier sur tout ce qui se rapporte aux procédures collectives de redressement et de liquidation judiciaires. Autrement dit, Me Monnet n'a plus le droit de représenter la partie civile qui a déposé plainte contre les deux auxiliaires de justice... « La réponse du berger à la bergère » de l'inspecteur du SRPJ de Rennes a trouvé des prolongements dans cette mesure judiciaire.

De nombreux avocats ont exprimé leur indignation. Ils sont, pour la plupart, inscrits dans des barreaux extérieurs à la Bretagne. Ceux de Saint-Brieuc paraissent, dans leur ensemble, plus enclins à défendre leurs intérêts. Il arrive que l'esprit de boutique l'emporte sur l'idéal de justice. Pour ne pas être en reste, l'ordre des avocats de Saint-Brieuc s'est cru obligé de mettre la main à la pâte. Un dossier, classé par l'ancien bâtonnier, a été remonté à la hâte. Le 23 octobre 1997, le briseur de l'omerta locale est frappé d'une « interdiction temporaire d'exercer » de six mois avec sursis. Me Monnet n'a pu se rendre devant le conseil de discipline pour cause de maladie prolongée. Qu'importe. Ses pairs, pressés de rendre un verdict, n'hésitèrent pas à faire l'impasse sur un débat contradictoire. Il fallait surtout placer Me Monnet sur liste noire avant un procès prévu pour la fin décembre 1997. Je n'oublierai jamais que, lors de ma révocation, en mars 1991, la majeure partie des inspecteurs de police avait eu le courage de lancer une pétition pour marquer leur indignation sous le slogan « Nous sommes tous des Gaudino ». Dans l'affaire Monnet, l'injustice a été préférée au désordre. Il est difficile de ne pas se rappeler qu'au temps de l'affaire Dreyfus, plusieurs conseils de l'ordre des avocats n'avaient pas hésité à voter une motion de soutien à... l'armée. Ainsi va la vie. Et tant pis pour les innombrables victimes des tribunaux de commerce. Me Monnet a payé au prix fort sa tentative de révéler au grand jour les agissements de ceux qui sont en relation étroite avec les tribunaux de commerce. Quand un résistant tombe, sa cause n'est pas pour autant perdue si d'autres sont prêts à reprendre le flambeau.

CHAPITRE 2

L'enquête prématurée

Certains événements constituent parfois le tournant d'une existence. Le coup de téléphone de Philippe Monnet, le 26 octobre 1994, en fait partie. Je sais que le cours de ma vie ne sera plus le même. Ma lettre au juge, avec copie aux médias, n'est que prémices. Les entorses au fonctionnement de nos institutions ne me laissent jamais indifférent. Je me suis déjà engagé dans ce qui m'apparaissait des causes justes pour tenter de les rendre fortes. La victoire contre l'étouffement systématique des affaires de corruption politique ainsi que le succès remporté contre Bernard Tapie en contraignant la justice à ouvrir le dossier des comptes de l'OM ont nécessité des années de bataille. Je pensais m'être suffisamment impliqué et pouvoir goûter au plaisir de mon seul nouveau boulot. Erreur ! J'appartiens à cette catégorie qui ne sait résister à la force d'un appel. Je reprends du service. Les mesures prises contre Me Monnet illustrent une volonté de protéger la citadelle des tribunaux de commerce. Cette fortification ne s'est pas réalisée en un jour. Il faut remonter les siècles pour comprendre comment et pourquoi cette institution est arrivée au point où elle en est : une vieille machine infernale aux effets destructeurs incontrôlables.

L'institution consulaire est en effet la plus ancienne

de toutes les juridictions. Pour les amateurs d'histoire, les premières traces remontent aux républiques de Gênes et de Venise, à une époque où un « juge consul » était chargé de trancher les litiges entre marchands. Cette pratique s'enracine en France au XVe siècle, pour régler les conflits lors des grandes foires. C'est seulement en 1563, sous le règne de Charles IX — celui qui se fit remarquer en ordonnant le massacre de la Saint-Barthélemy —, que naît, grâce au Chancelier Michel de L'Hospital, le tribunal de commerce proprement dit. La Révolution épargne l'institution. Depuis, les tribunaux de commerce n'ont cessé de se développer en nombre et en importance, puisqu'on en recense 227 répartis à travers le pays. L'armée des tribunaux de commerce compte actuellement 3 150 juges consulaires qui traitent en majorité les contentieux entre commerçants. Moins de 20 % des dossiers se rapportent au sort des entreprises en difficulté. Dans ce dernier cas, le pouvoir des magistrats consulaires s'apparente à un droit de vie ou de mort.

Dans chaque tribunal de commerce, le nombre des juges est en rapport avec l'activité. C'est ainsi que Paris possède un effectif de près de 170 magistrats, tandis qu'à Lille un peu moins de 40 semblent suffire. Ces juges sont des commerçants ou des industriels élus par leurs pairs. C'est seulement en 1988 qu'une réglementation a mis fin à la pagaille de la répartition de ces juridictions au travers d'un décret dit d'institution. Il en résulte qu'en certains endroits, on est capable de se passer de tribunaux de commerce. C'est le juge professionnel affecté à la juridiction civile qui change de casquette pour assurer les fonctions de juge consulaire. Les puristes parlent ici de tribunaux de grande instance statuant commercialement. Au registre des curiosités, il faut aussi savoir que, dans certains départements, ce sont des juges professionnels qui président le tribunal de commerce. Il en va ainsi en Alsace et en Lorraine, au nom d'une survivance du droit allemand. En Guyane, Martinique, Guadeloupe et à la Réunion, le principe est identique à quelques variantes près. C'est le président du tribunal de grande instance qui est à la tête de ce qui est cette fois appelé le tribunal mixte de commerce. Trois juges consulaires, donc élus, l'assistent. En cas de partage des voix, celle du président compte double ; elle est dite prépondérante. La composition magistrats professionnels et consulaires a ainsi un caractère échevinal.

Si des « affaires » dont parlent les médias semblent toucher certains tribunaux de commerce plutôt que d'autres, cela tient d'abord à une démobilisation de la justice répressive. Lorsque celle-ci décide d'intervenir, la responsabilité de celui qui est à la tête du tribunal de commerce local se trouve souvent mise en cause : une mauvaise troupe est généralement conduite par un mauvais chef. Un président de tribunal de commerce est loin de voir ses fonctions réduites à un simple rôle de représentation. Il est élu pour quatre ans par les juges du tribunal, eux-mêmes choisis pour six ans par un corps électoral composé de leurs pairs et des membres de la chambre de commerce et d'industrie. Le président dirige et organise les services, assure la discipline et la présidence des assemblées générales. Il participe aussi aux jugements des affaires, très souvent celles qui sont les plus sensibles, et peut intervenir sur requêtes pour rendre des ordonnances et des décisions urgentes en référé. Il est partout, dispose d'un large pouvoir et n'a de comptes à rendre à personne. La tentation est grande d'en abuser. Certains n'hésitent pas à en profiter, comme nous le verrons, pour s'enrichir. Ils ne sont pas les seuls.

Il y a aussi les auxiliaires ou les mandataires de justice,

au nombre de 510 environ, comprenant, au niveau de la procédure judiciaire, d'une part 150 administrateurs et d'autre part 360 mandataires, intervenant d'abord comme représentants des créanciers pour le redressement et éventuellement, par la suite, en tant que liquidateurs. Sur ces auxiliaires de justice, les dossiers explosifs ne se comptent plus à travers la France. Pour simplifier, ces personnages sont les héritiers de ceux qui ont, il y a très longtemps, exercé le métier sous le nom de syndic de faillites. Le rôle de ce dernier sera précisé dans le code de commerce créé en 1807 sous Napoléon Ier. En cas de faillite, les créanciers choisissaient eux-mêmes, dans leurs rangs, celui qui allait défendre leurs intérêts en tant que syndic. Cette mesure n'était pas dépourvue de bon sens, car les créanciers avaient un droit de regard sur la procédure mise en œuvre par leur représentant et pouvaient même, au besoin, le révoquer en cas de magouilles. D'un siècle à l'autre, les choses ont changé et bien changé.

Les créanciers vont peu à peu perdre leurs prérogatives au profit des juges consulaires. Les salariés, qui avaient été de tout temps oubliés, verront leur situation prise en considération, pour la première fois, par un décret-loi promulgué le 8 août 1935. Ses dispositions ont d'ailleurs été insérées dans le code du travail. Il a fallu attendre 1955 pour que soit refondue toute la législation sur les faillites.

Cet effort s'est poursuivi dans le cadre de la loi du 13 juillet 1967 traitant des procédures collectives. Au terme faillite se sont substitués ceux de règlement judiciaire et de liquidation des biens. L'originalité de cette nouvelle loi consistait, au travers du règlement judiciaire, à favoriser le redressement économique et financier des entreprises dont l'avenir n'était pas totalement compromis. Le législateur avait sans doute réalisé qu'il était difficile de créer et assez facile de liquider. À cet effet était instituée la procédure dite de suspension provisoire des poursuites et d'apurement collectif du passif. Quant à la liquidation des biens, elle ne devait être déclarée que s'il ne subsistait aucune chance sérieuse pour l'entreprise de maintenir son activité.

La loi de 1967 avait aussi le mérite d'innover dans divers domaines. Par exemple, en distinguant l'homme de l'entreprise. Ainsi n'était plus frappé de l'infamie de la faillite le débiteur malheureux, celui qui, par exemple, se voyait confronté à une conjoncture économique défavorable ou qui était lui-même mis en difficulté financière par la défaillance d'un client. Une autre particularité est à porter au crédit de cette loi. Les règles de la faillite, codifiées depuis Colbert en 1673, étaient réservées au commerçant en état de cessation de paiements, autrement dit en situation de dépôt de bilan. Trois siècles après, les sanctions s'étendent aux personnes morales, c'est-à-dire aux sociétés, que celles-ci relèvent du droit commercial ou privé.

Comme rien n'est jamais parfait, la loi de 1967 présenta, à l'usage, diverses lacunes. Parmi elles, le nombre de syndics et la nature de leurs fonctions. La profession présentait la spécificité d'être extrêmement fermée. À titre d'illustration, il existait quatre syndics à Lyon ou Bordeaux et trois à Toulouse. Ce sous-effectif engendrait un paradoxe puisque les syndics pouvaient à la fois représenter le débiteur, dans le cadre du règlement judiciaire, et les créanciers au stade de la liquidation des biens. Ils mangeaient donc à tous les râteliers, en prenant soin de continuer à se partager l'énorme fromage en comité restreint. Au surplus, l'expérience démontra que la liquidation des biens de l'entreprise, qui donnait lieu à la vente des actifs, se traduisait dans de nombreux cas par le paiement, outre des salariés, d'un seul petit veinard : le syndic. Pour les créanciers, rien ! Le côté insatiable de certains syndics devait déclencher divers scandales. C'est entre autres ce qui a provoqué de nouvelles législations sous le premier septennat de François Mitterrand.

La loi du 25 janvier 1985, promue par Robert Badinter alors ministre de la Justice, ramène à une portion plus congrue les moyens d'intervention encore accordés au créancier. Il n'a plus la possibilité de s'exprimer en assemblée sur le sort de l'entreprise qui lui doit de l'argent, parfois même beaucoup. Préoccupé par la sauvegarde des emplois, le législateur a surtout privilégié les possibilités de redressement de l'entreprise en envisageant une période d'observation pour vérifier la nature incontournable de la liquidation. Par ailleurs, *exit* le syndic ! Il est remplacé par un mandataire de justice avec une appellation précise compte tenu des fonctions confiées : administrateur judiciaire ou mandataire liquidateur.

L'administrateur intervient au stade du redressement judiciaire. La procédure est dite « générale » pour les entreprises de plus de 20 millions de francs de chiffre d'affaires et 50 salariés. Au-dessous de ces niveaux, elle devient « simplifiée ». Dans le premier cas, la période d'observation ne pourra pas dépasser vingt mois. Dans le second, elle se limitera à huit mois. Le rôle de l'administrateur judiciaire est varié. C'est lui qui doit préparer un rapport permettant au tribunal de commerce de faire un choix sur la solution pouvant être adoptée. Le tribunal peut également décider que le dirigeant de l'entreprise en redressement sera remplacé dans sa gestion par l'administrateur judiciaire. Celui-ci prend alors la tête de l'entreprise, sans lâcher pour autant ses autres dossiers parfois répartis dans plusieurs départements. La survie de l'entreprise passe, soit par une continuation avec un effort demandé aux créanciers sous le couvert d'un moratoire, soit par la cession à un repreneur sous certaines conditions concernant, entre autres, le maintien d'un niveau d'emplois.

Le mandataire liquidateur intervient d'abord comme représentant des créanciers. Il est chargé, à ce titre, de défendre les intérêts de ceux qui subissent les ardoises dues au dépôt de bilan et, entre autres, d'actionner la justice si des malversations ont été commises par le débiteur. En cas d'absence de solution de redressement, il s'occupera ensuite de la liquidation judiciaire qui se substitue à l'ancienne liquidation des biens, mais avec la même finalité : la mort de l'entreprise et la disparition des emplois. La procédure est alors suivie par le mandataire liquidateur. Dans la phase de redressement ou de liquidation, le juge-commissaire — magistrat consulaire désigné par le tribunal de commerce — sera le chef d'orchestre pour exécuter la mesure prise par sa juridiction. Un inconvénient majeur subsiste : elle est de toute façon exécutoire avant l'exercice d'un recours devant les magistrats professionnels. Quand c'est encore possible. Une entreprise liquidée à tort ressuscite rarement de ses cendres. Enfin, contrairement à ce qui était possible dans la loi de 1967, les créanciers perdent le droit d'exercer des poursuites à l'encontre du débiteur liquidé, sauf cas particuliers relevant par exemple d'un intérêt personnel à agir devant la justice pénale. C'est le cas suite à une escroquerie. Ainsi, si le débiteur et le liquidateur décident de convenir d'arrangements contraires à l'intérêt des créanciers, même sous leur nez et à leur barbe, ceux-ci n'ont aucun moyen de réagir. Une des dispositions de la loi de 1985, incontestablement contraire au but initialement fixé, a trait à la rémunération des mandataires de justice. De nombreux dossiers démontrent que le système mis en place contribue à appauvrir l'entreprise pour la conduire à la liquidation et, par voie de conséquence, favorise la suppression des emplois.

La loi du 10 juin 1994, adoptée à l'époque où Pierre Méhaignerie était à la tête du ministère de la Justice, constitue une réforme de portée réduite. Pourtant l'espoir était grand lors de la discussion du projet. Son objet principal porte, entre autres, sur la prévention et le règlement amiable des difficultés des entreprises initialement mis en place par une loi de 1984. Parmi les innovations figure la coordination des solutions applicables, avec la possibilité de centraliser devant une seule juridiction toutes les procédures pendantes devant d'autres. Ainsi, le tribunal de commerce, saisi pour le dossier d'une société mère, peut l'être aussi des autres procédures ouvertes vis-à-vis des filiales. La mesure vise les groupes de sociétés. Par ailleurs, dans les cas où le redressement est jugé impossible, la liquidation peut être prononcée directement, sans période d'observation. Le caractère obligatoire des inventaires d'actifs, que la loi de 1985 avait omis de préciser pour le redressement, est institué. Celui des comptes à rendre sur l'exécution des actes de gestion par le liquidateur au juge-commissaire aussi. Mais la sanction sur l'inexécution de ces obligations reste introuvable.

Le lobbying des bailleurs de locaux a dû jouer à fond puisque ces derniers se voient subitement favorisés par rapport aux autres créanciers. Ils peuvent désormais obtenir, après deux mois d'impayés durant le redressement, la résiliation du bail. L'entreprise n'a plus qu'à fermer ses portes et ses salariés à aller pointer au chômage ! Ce n'était probablement pas suffisant puisque les bailleurs ont également le droit de se faire payer des factures, même antérieures à la date d'ouverture de la procédure. Quant aux autres, elles restent gelées. Le plan de redressement des entreprises voit sa durée limitée à dix ans. Sauf en matière agricole où la durée est fixée à quinze ans. En lisant le texte de loi d'une manière plus attentive, il ressort que le tribunal de commerce peut accorder des délais pouvant excéder ceux prévus par la loi. Ce qui revient à dire que la durée du plan de redressement reste à l'appréciation de la juridiction consulaire, comme avant. Autre avantage pour le tribunal, celui de pouvoir se saisir d'office, en cas de non-respect des engagements du débiteur dans le cadre du plan d'apurement du passif. Il peut ainsi prononcer la résolution des accords. Cette décision, facultative, constitue une belle ouverture pour des arrangements occultes, au préjudice des créanciers ! Les conditions de cession font, elles aussi, l'objet de corrections. Pour l'essentiel, elles ne seront plus discrètes et devront être connues du débiteur ainsi que des créanciers et salariés.

Après les bailleurs, ce sont les établissements de crédit qui ont dû faire le forcing. Dorénavant, les hypothèques ou nantissements garantissant le remboursement de l'achat ou la construction d'un bien seront à la charge du cessionnaire. C'est le paquet-cadeau qui a de quoi faire réfléchir le candidat à la reprise de tous les actifs de l'entreprise. En outre, le législateur a voulu confier au juge-commissaire le choix de l'offre la plus intéressante dans les cas de cession. Quand on sait que c'est le plus souvent le liquidateur qui « suggère » au juge la meilleure proposition, difficile d'apprécier la mesure comme un grand changement. Enfin, une chose est quasi certaine, c'est que les salariés ont été oubliés par cette loi. Ils ont eu moins de chance que les bailleurs de locaux ou les banquiers !

Cette réforme était centrée sur la moralisation des procédures. Le malaise qui s'était fait ressentir n'a donc pas vraiment été combattu avec les moyens adéquats pour le faire disparaître. Aucune mesure sérieuse n'a été introduite pour favoriser le redressement des entreprises encore viables. Pire encore, la rémunération des mandataires de justice, administrateurs et liquidateurs n'a pas été touchée. Aucun garde-fou n'a été envisagé pour empêcher la spirale de leurs honoraires, qui demeure une des causes presque naturelles du passage du redressement à la liquidation. Entre 1994 et 1996, les liquidations d'entreprises sont passées de 25 326 à 31 469, soit une progression de près de 25 % en deux ans !

Le Code Napoléon reposait sur un principe simple et rationnel : le failli, tel le capitaine, doit rester à bord de son navire et sombrer avec lui. Belle et courageuse façon de voir les choses au début du siècle dernier ! À l'heure actuelle, le tribunal de commerce s'empresse plutôt de jeter le capitaine à la mer. La grande préoccupation du nouvel état-major sera de vider la cargaison avant de faire couler le bâtiment de manière définitive. Parfois même, il cédera le navire et une partie de l'équipage à des pirates sans foi ni loi.

Les remparts derrière lesquels sont retranchées les troupes de délinquants de ce petit monde consulaire sont donc solides et semblent avoir bien résisté au temps. Comme pour la corruption politique, le scandale des tribunaux de commerce met en cause un genre particulier d'élus, imprégnés de l'idée que leur mandat consiste à se servir et non à servir.

J'avais déjà eu connaissance, en tant que flic, notamment lors de mon passage à la brigade financière de la police judiciaire de Marseille, de certains dysfonctionnements qui touchaient divers tribunaux de commerce, mais je n'avais pas eu l'occasion de me pencher sur le problème. Pour être précis, ma première intervention dans ce domaine s'était soldée par des réactions du parquet dont je conserve un goût amer.

Nous sommes à la fin de l'année 1987 et, comme je l'ai déjà écrit dans *L'Enquête impossible*, je subissais depuis plusieurs jours l'épreuve du placard à la suite de ma mutation de la PJ financière de Lyon à celle de Marseille. La hiérarchie policière de ce nouveau service m'avait catalogué comme forte tête, devant par conséquent être tenue à l'écart. Elle ne supportait pas que je puisse refuser de participer à un système de faux frais de mission qui a officiellement cessé en janvier... 1998. La pratique correspondait à des détournements de fonds publics, donc à un délit prévu et sanctionné par la loi, mais elle était pourtant utilisée par l'administration pour arrondir les fins de mois des fonctionnaires, surtout celles des commissaires. Pour m'occuper, je n'avais d'autre choix que de traquer les abus dont la hiérarchie policière marseillaise se désintéressait.

Ma première affaire concernait les agissements du dirigeant d'une société de ravalement de façades. Si les malversations de ce dernier avaient pu être établies à l'issue d'une garde à vue de quarante-huit heures, il n'en avait pas été de même pour un autre volet du dossier. Face aux preuves accablantes glissées sous son nez, le chef d'entreprise était passé aux aveux avant d'être présenté au juge pour être inculpé. Il avait tout reconnu, sauf ce qui se rapportait à la disparition d'une partie du matériel normalement entreposé dans les hangars de sa société. D'après lui, les réponses aux questions posées n'étaient pas de son ressort mais de celui du sapiteur, plus simplement l'assistant de celui qui avait été désigné pour la liquidation de ladite société. Toujours curieux — ce qui n'est pas une maladie pour un flic mais une exigence —, j'avais décidé de poursuivre mes investigations sur le matériel volatilisé. C'est ainsi que j'obtins du substitut du parquet, qui venait juste d'entrer en fonctions, l'autorisation d'ouvrir une autre enquête.

Après avoir procédé à quelques vérifications sur sa situation, je convoque l'assistant du mandataire liquidateur pour la semaine suivante. Le sapiteur arrive dans les bureaux de la PJ financière de Marseille en milieu d'après-midi. Je m'aperçois que son sourire est forcé. De forte corpulence, le jean, le blouson de cuir noir et les chaussures assorties au casque de moto pendu au bras lui donnent une allure qui tranche avec celle que l'on rencontre chez les auxiliaires de justice. Ces derniers ont le plus souvent des vêtements stricts qui concordent avec leur mine parfois aussi terne que la couleur des murs entre lesquels ils passent une partie de leur quotidien. Le témoin est pressé. Je découvre qu'il est garagiste et que cette activité ne lui permet pas de m'accorder trop de temps. Je commence par lui expliquer que je suis très étonné de relever qu'il fait état, sur ses correspondances, d'une qualité d'expert auprès des tribunaux alors qu'il n'est inscrit nulle part. C'est, en fin de compte, une liberté qu'il reconnaît avoir prise au regard des expertises qu'il dit mener pour le compte des mandataires de justice. J'apprends ainsi qu'il est en quelque sorte multicartes. Me penchant sur lesdites expertises, je constate que c'est pourtant lui qui, sur simple demande des mandataires de justice, définit la valeur des actifs dans de nombreux secteurs de l'industrie et du commerce. S'agissant, par exemple, de machines d'imprimerie ou d'appareils informatiques, domaines qui sont bien loin de fonctionner sur le principe du moteur à explosion.

Cette première audition me laisse pantois. Les entreprises sont généralement soumises, dans un premier temps, au redressement judiciaire. Or, leur destin est confié à un individu qui, sans aucune qualification, va participer à l'estimation des actifs et, par voie de conséquence, à la décision sur le sort des sociétés qui seront liquidées pour insuffisance de patrimoine. Je n'en reviens pas et n'entends pas en rester là. Il est de mon devoir d'éclaircir cette affaire. Dès que l'occasion m'est offerte, accompagné d'un autre flic, je me présente au garage pour procéder à une perquisition chez celui qui est devenu un suspect. Celle-ci est motivée par la recherche du matériel qui figurait dans les comptes de la société de ravalement de façades et non sur l'inventaire de notre garagiste. Tous les dossiers attribués par les mandataires de justice au sapiteur sont soigneusement reconstitués. La pêche est fructueuse, bien au-delà de ce que j'aurais pu imaginer. Notre homme avait pris d'autres libertés, cette fois plus graves. Il facturait et recevait directement sur ses comptes, ceux du garage et les siens propres, le produit des ventes de certains actifs de sociétés en liquidation. Il ne reversait pas le tout à ses mandataires. Il en conservait une partie, non négligeable. Une garde à vue lui est aussitôt notifiée et ce n'est pas sur son super deux-roues qu'il regagne la brigade financière, mais dans un véhicule de service plus ou moins délabré.

Durant le trajet, différentes questions d'importance me viennent à l'esprit. Certes, l'intéressé paraît avoir conservé une partie des sommes qui auraient normalement dû revenir aux mandataires liquidateurs. En revanche, sachant qu'il les réglait directement à partir de ses propres comptes, comment ces derniers parvenaient-ils à justifier en comptabilité des rentrées sans avoir eux-mêmes établi les factures ? D'un autre côté, j'ai relevé une facture dite d'interventions, d'un montant supérieur à 100 000 F, adressée cette fois à un des mandataires par le sapiteur. Un rapide examen de son agenda m'a permis de constater que la plupart des dates correspondant à un déplacement sur un site coïncidaient avec des opérations sans rapport avec l'objet des prestations prétendument réalisées et facturées. Dans le véhicule, j'aborde ces questions qui vont demeurer sans réponse. Notre passager est fort contrarié. Il a son regard des mauvais jours et finit par me lancer : « Vous n'avez rien à envier à Saint-Just ! » Je suis interloqué. Il n'a jamais été dans ma logique professionnelle de faire tomber des têtes ni de perdre la mienne. Mon travail consiste à rechercher la vérité, rien de plus et surtout rien de moins. De toute façon, je travaille sous les ordres du procureur de la République, à qui je dois rendre compte.

Comme il se doit, je suis donc amené à présenter au parquet le bilan des trouvailles effectuées. Les détournements de fonds susceptibles d'être reprochés au sapiteur prennent forme et une entente frauduleuse entre ce dernier et certains de ses mandataires est loin de devoir être écartée. Sur ce coup, ma hiérarchie ne trouve rien à redire. Le préjudice concerne les créanciers des sociétés liquidées et, dans la logique des choses, les débiteurs, si ceux-ci sont appelés à combler le passif. Lorsqu'un policier débouche, par son travail de recherche, sur des éléments positifs, il ne peut qu'être satisfait. En ce qui me concerne, je suis ravi. Les dérives de mandataires de justice étaient souvent évoquées entre collègues sans que je sois vraiment tombé sur un cas évident. Or là, j'ai la nette impression de tenir un fil solide qu'il suffit de tirer pour voir ce qu'il y aura au bout. Comme l'enquête a été ouverte dans un cadre préliminaire, c'est-à-dire aux fins d'apprécier les consistances juridique et matérielle de ce qui peut être pénalement reproché, la suite des investigations ne dépend que du parquet. C'est lui qui décide de la façon dont les recherches doivent être poursuivies. Soit en prolongeant l'enquête préliminaire par des demandes d'opérations supplémentaires, soit en décidant, si les éléments réunis sont suffisants, l'ouverture d'une information judiciaire qui sera cette fois menée sous la direction d'un juge d'instruction.

Lorsque je téléphone au parquet pour l'informer de la situation, je pense que le dossier est suffisamment avancé pour espérer la seconde solution. Elle a la particularité d'offrir des moyens coercitifs dont on peut parfois avoir besoin pour accéder à la vérité. La voix du substitut est sèche. Pour moi, c'est une douche froide. Il semble que cette enquête a pris une ampleur que ni lui ni moi ne pouvions soupçonner. Je devine que les mandataires peu rigoureux sur les conditions de liquidation des sociétés qu'ils avaient en charge sont intervenus pour signaler l'inopportunité de mettre le nez dans leurs affaires. Je suis, curieusement, autorisé, pour l'établissement d'un rapport, à faire une copie des documents saisis avec la permission — à présent regrettée — du sapiteur, mais je dois rendre les originaux à ce dernier. Dans un tel cas, la police conserve plutôt les originaux et remet éventuellement des copies. Ce n'est pas tout. Dans la foulée, il m'est suggéré de lever la garde à vue, ce qui correspond à un ordre. En m'enlevant la possibilité de cuisiner le représentant des mandataires de justice, le parquet entend éteindre l'affaire. Par la suite, j'ai cru comprendre qu'avant mon arrivée à Marseille, un président du tribunal de commerce avait été viré en douceur et qu'en dépit de mes découvertes, le ménage devait s'arrêter là. La hiérarchie ne m'a pas soutenu mais s'est dispensée, cette fois, de trop m'accabler. Pour elle, la loi ne s'applique pas de la même façon à tous. Bien sûr, je m'en émeus. Les détournements de fonds dans la police étant anormalement ignorés par le parquet, pourquoi n'en irait-il pas de même avec les mandataires de justice ? J'étais trop nouveau à Marseille pour me mettre à dos, en moins d'un mois, la hiérarchie policière et en prime le parquet.

N'étant pas préparé à l'escamotage de ce genre de dossier, je me suis laissé surprendre comme un néophyte. Ce sera une des dernières fois. À l'avenir, je saurai faire preuve d'habileté pour contourner les obstacles mis au travers de mon chemin de flic cherchant à trouver des réponses à des questions légitimes. Il est vraisemblable qu'en novembre 1987, si l'enquête portant sur les mandataires de justice avait pu se poursuivre, elle aurait déclenché des vagues capables d'éclabousser les fenêtres de celui qui a en charge le contrôle des procédures collectives de redressement et de liquidation judiciaires : le procureur de la République !

Une chose est sûre : entre novembre 1987 et octobre 1994, les méthodes se sont nettement radicalisées pour bloquer la route de ceux qui veulent y voir clair dans les pratiques des tribunaux de commerce. Me Monnet en a fait la sinistre expérience. Or, si les éléments découverts par cet avocat traduisent un profond dysfonctionnement de l'institution consulaire locale, on peut se demander quel était le contrôle exercé par le parquet de Saint-Brieuc, dont le représentant était en place depuis plus de treize ans...

Pourtant, le rôle du parquet s'est constamment accru au cours de ce dernier quart de siècle. La loi du 15 octobre 1981 lui permet d'intervenir directement dans la procédure collective. Celle du 25 janvier 1985, de saisir d'office le tribunal de commerce pour l'enclencher. Il dispose même, à titre privilégié, des voies de recours contre les décisions qui ont été prises par la juridiction consulaire. Dans l'affaire de Marseille en 1987, comme dans celle de Saint-Brieuc en 1994, il est évident que la dérive des tribunaux de commerce relève, en partie, mais de manière non négligeable, de la carence des procureurs de la République. Pire encore, si celui de Saint-Brieuc est intervenu, ce n'est pas pour s'attaquer aux dérapages soulevés par Me Monnet, mais plutôt pour empêcher celui-ci de les dénoncer. En ce qui me concerne, j'avais tout simplement démarré trop tôt.

La mise à mort professionnelle de Me Monnet a été à l'origine d'une sorte de jacquerie qui a débuté à Saint-Brieuc pour s'étendre par la suite au niveau régional. En 1995, des artisans, commerçants et chefs d'entreprise victimes des agissements commis au sein des tribunaux de commerce de Bretagne constituent une « Association de lutte contre les délits de type mafieux ». Ils ne sont plus armés de fourches ou de faux, mais d'une ferme volonté de savoir. Un de leurs premiers objectifs : faire la lumière sur certains dossiers. Saisie de cette enquête, la brigade financière privée de mon cabinet trouve là l'occasion attendue de passer à l'action.

Mon ancien collègue Alain Mayot est retourné momentanément dans l'administration pour y accomplir deux années de service afin de prétendre à une retraite. Il reviendra. Le caractère fabuleux des enquêtes que nous avons réalisées ensemble à l'intérieur de la police s'est poursuivi à l'extérieur pendant plus d'un an. Ce genre d'investigation devra maintenant être mené avec d'autres. Mon cabinet est formé d'une équipe de 12 jeunes collaborateurs, garçons et filles très compétents. Ils sont tous animés d'une passion pour les enquêtes financières qui rejoint celle que j'ai manifestée en tant qu'inspecteur à la PJ et qui ne m'a jamais quitté. Leur talent pour reconstituer des groupes aux allures d'usine à gaz et ensuite démasquer ce qui est précautionneusement planqué derrière les chiffres m'épate. L'espace des bureaux de la rue Paradis, dans lesquels nous œuvrons, devient insuffisant. Je lorgne de spacieux locaux au dernier étage d'un immeuble, à deux pas du Vieux Port, avec en prime une vue splendide sur Notre-Dame-de-la-Garde. Il nous faudra attendre août 1996 pour emménager. Dès lors, tout ira pour le mieux. Le cabinet dispose en outre de bureaux à Paris et à Lyon pour recevoir la clientèle. Les conditions de travail sont idéales. Les dossiers ne manquent pas, l'équipe est compétente et c'est là l'essentiel. Le départ d'Alain Mayot coïncide avec l'arrivée de Thierry Brunet, un magistrat en disponibilité qui a fait un passage dans un parquet financier de la région parisienne. Après un séjour comme avocat au barreau de Marseille, il est maintenant à mes côtés. C'est l'homme désigné pour participer à l'enquête sur les tribunaux de commerce, avant d'être réintégré dans la justice. Le tandem que nous formons, lui magistrat en exploration dans le privé et moi ancien flic, tient du hasard de la vie. Hasard tout de même ironique puisque nous allons, en quelque sorte, procéder à des contre-enquêtes, dans des dossiers traités par ceux qui, dans un passé récent, étaient nos homologues. La situation ne manque pas d'attrait d'autant que nous savons que le droit à l'erreur nous est interdit. Toutefois, chercher à découvrir ce que les autres n'ont pas su ou voulu trouver, ou même ont volontairement caché, fait partie des défis auxquels on s'accroche. Ceux qui véhiculent l'espoir de faire un jour bouger les choses.

CHAPITRE 3

Chronique d'un dépouillement prémédité

L'enquête sur les tribunaux de commerce de Bretagne commence par le dossier pour lequel Me Monnet s'est vu envoyer au cachot dans des conditions dont la justice n'a pas à s'enorgueillir. Pourquoi ses démarches gênaient-elles tant les mandataires de justice ?

Année 1991

Les frères Guy et Michel Guérin, qui s'étaient lancés, à partir de 1950, dans l'abattage de manière presque artisanale, parviennent à mettre en œuvre, en 1986, l'un des abattoirs les plus performants de France voire d'Europe. La SA Guérin, bien connue à Trémorel dans les Côtes-d'Armor, a investi 150 millions de francs et brasse un chiffre d'affaires de l'ordre du milliard de francs, dont 30 % à l'exportation. Toutefois, en 1990, comme la plupart des abattoirs français, l'entreprise Guérin connaît des difficultés en raison de la concurrence sauvage de l'Europe de l'Est, amplifiée par la réunification de l'Allemagne, l'apparition du phénomène de la vache « folle » — qui n'est pas encore médiatisé — et la forte baisse du dollar. Début 1991, la situation s'aggrave avec la guerre du Golfe qui désoriente le marché mondial de la viande bovine. Afin de préserver ce secteur d'activité, le gouvernement décide d'accorder des aides financières. La société Guérin peut donc espérer résoudre, en partie, ses problèmes conjoncturels. Le ministère de l'Agriculture, à l'époque dirigé par le socialiste Louis Mermaz, accorde des crédits à diverses entreprises comme Socopa ou Interagra mais pas à l'établissement Guérin. Celui-ci représente pourtant un effectif de 300 salariés, traite avec près de 400 fournisseurs en vif et concerne au total plus de 10 000 éleveurs bretons et normands. Cette différence de traitement surprend. Dans cette phase critique, certains banquiers décident en outre de réduire ou même d'annuler leur concours alors qu'ils ont jusque-là soutenu la société.

L'attitude des pouvoirs publics conjuguée à celle des banquiers déclenche chez les créanciers de Guérin des réactions plutôt favorables à l'entreprise. D'importantes manifestations sont organisées. Certains font savoir qu'ils préfèrent renoncer à une partie de leur dû plutôt que d'être confrontés aux conséquences désastreuses d'un dépôt de bilan. Ils espèrent, en contrepartie, un geste de l'État et une évolution de la position des banques. Ces appels au secours, rapportés dans la presse notamment le 22 avril, restent sans réponse.

Le 23 avril, le dépôt de bilan des abattoirs Guérin est enregistré au greffe du tribunal de commerce de Saint-Brieuc. Le lendemain entrent en piste, dans le cadre du redressement judiciaire décidé par le tribunal, Me Michel Robert, de Rennes, et Me Daniel David, de Saint-Brieuc, les deux mandataires de justice dont la plainte va être utilisée en 1994 pour incarcérer Me Monnet. Le premier est nommé administrateur judiciaire et le second représentant des créanciers dans le cadre de la procédure collective à laquelle est soumise la société Guérin. L'entreprise est ainsi placée, par le tribunal de commerce, sous observation mais continue à fonctionner sous la responsabilité des frères Guérin avec l'assistance de Me Robert. Celui-ci se veut rassurant et annonce publiquement dès le lendemain de sa nomination : « L'essentiel est de rétablir la confiance et de refaire tourner l'outil. » Pour ne pas être en reste, Me David, qui avait en charge les intérêts des créanciers, donc ceux des salariés, martèle : « Il est hors de question de dégraisser. » Fin de la première partie.

Le 27 avril, moins de soixante-douze heures plus tard, le greffe enregistre une requête de Me Robert visant à assurer « seul » la gestion des abattoirs Guérin. Pour toute justification, l'administrateur judiciaire prétend avoir constaté que « les décisions prises ne sont pas conformes aux avis émis au titre de sa mission d'assistance ». Le 29 avril, sans autre forme de procès, les dirigeants sont écartés de la gestion. Le tribunal de commerce de Saint-Brieuc propulse ainsi, de façon assez extraordinaire, Me Robert à la tête de la société Guérin.

Une première question se pose : quel est ce superhomme qui, sur simple demande et de manière peu commune, peut accaparer la direction des abattoirs Guérin ? A-t-il fait ses preuves dans ce domaine, et plus particulièrement dans celui de l'abattage ? Espérer sortir la société de ses difficultés, alors même que leur origine demeure entière, n'est pas à la portée de n'importe qui.

Me Robert s'est découvert une vocation de mandataire de justice après avoir été employé par le Crédit agricole à Rennes, où il travaillait comme responsable de la branche clientèle centrée sur les entreprises. À l'époque, son portefeuille comprenait, entre autres, la SVA, abattoir plus important que celui de la société Guérin. La SVA compte 1 200 employés, soit quatre fois plus que Guérin. Ses abattoirs sont implantés à Vitré et Liffré, en Ille-et-Vilaine, au grand plaisir de Pierre Méhaignerie, tout à la fois maire de la première commune et président du conseil général du département. La SVA a réalisé, sur l'année 1990, plus de 3 milliards de francs de chiffre d'affaires dont plus des deux tiers avec sa société actionnaire Intermarché, un des géants de la grande distribution. Sa production annuelle de viande s'élève à 110 000 tonnes. Ambition, publiquement annoncée : atteindre les 168 000 tonnes, soit un accroissement espéré de l'ordre de 50 000 tonnes. L'ennui c'est qu'en face, les frères Guérin, avec des installations fonctionnant d'ailleurs en deçà de leurs capacités, ont déjà investi une part non négligeable du marché visé, avec près de 40 000 tonnes d'abattage sur les 300 000 tonnes réalisées en Bretagne. Dans ce créneau, l'entreprise fournit les grandes surfaces concurrentes dont Auchan et Carrefour. Au titre de ses fonctions au Crédit agricole, exercées jusqu'à la fin des années 80, s'il suivait bien ses dossiers, Michel Robert devait normalement et logiquement connaître le problème posé à son ancienne cliente la SVA par la société Guérin.

Quitter la banque pour faire partie du cercle convoité des mandataires de justice n'est pas chose facile. Le prétendant doit, parmi les épreuves d'initiation, effectuer un stage de trois ans dans une étude de mandataire de justice. C'est la règle générale. Sauf pour l'ex-cadre du Crédit agricole qui a bénéficié d'une dérogation réduisant sa période d'apprentissage du métier à quelques mois. C'est donc de manière exceptionnelle que Me Robert est « catapulté » en 1991, selon certains témoignages, administrateur judiciaire à Rennes, puis désigné comme administrateur judiciaire dans la procédure de redressement de l'affaire Guérin. Son manque d'expérience ne paraît poser aucun problème, pas plus à lui qu'au tribunal de commerce de Saint-Brieuc. En moins de trois jours, l'assistant devient donc le responsable à part entière de la gestion de la société Guérin. Celle qui, justement, incommode la SVA, cliente de Me Robert dans une période récente. Première coïncidence.

Dès lors, une nouvelle question se pose. À qui vont profiter les abattoirs Guérin, réputés à la pointe de la technique industrielle ? Au terme de la phase du redressement judiciaire se trouve la réponse. Cette période, initialement fixée à six mois par le tribunal de commerce, est étonnamment réduite de moitié, encore une fois à la demande de Me Robert. La fin de cette procédure doit conduire à la présentation d'un plan, soit en vue d'une continuation, soit aux fins d'une cession. Dès le 21 juin, la presse annonce la candidature des frères Guérin pour la poursuite de l'activité sur la base d'accords conclus avec les créanciers. Quant à la cession, celle-ci est espérée par trois sociétés, dont la SVA. Deuxième coïncidence.

Le 15 juillet, le tribunal de commerce de Saint-Brieuc écarte d'emblée la continuation, choisit la cession et attribue les actifs de la société Guérin, pour un prix modique de 52 millions de francs, à la SVA. Excellente affaire si l'on se rapporte à la valeur de l'outil de travail et à l'importance de la part de production que représentent les abattoirs Guérin. La SVA fait coup double à moindres frais puisqu'elle se débarrasse d'un concurrent et atteint ses objectifs de production. Les coïncidences n'arrêtent pas. En revanche, les créanciers de la société Guérin voient disparaître leur chance de recouvrer une partie de leur créance. Le choix de la SVA et les conditions accordées à celle-ci ne peuvent que ravir Pierre Méhaignerie puisque son département et sa commune bénéficieront des retombées économiques. C'est d'ailleurs la SVA qui aura, en novembre 1995, l'honneur d'une des premières visites d'Anne-Marie Couderc, en tant que ministre de l'Emploi du gouvernement Juppé. À cette occasion, l'un des dirigeants de la SVA donne de larges explications au gratin de la politique, botté et masqué. On apprend que, grâce à la progression réalisée par la société, la capacité de « l'actuel atelier est complètement dépassée ». Ce propos concerne le site de Trémorel, celui sur lequel s'exerçait à l'époque l'activité des abattoirs Guérin et à qui le tribunal de commerce de Saint-Brieuc n'a accordé aucune chance de se relever. Pourtant celles-ci existaient, c'est aujourd'hui établi.

Les coïncidences relevées dans le dossier tendent à accréditer l'idée que les faveurs de la juridiction consulaire se sont irrésistiblement portées vers la satisfaction des intérêts d'Intermarché, dans l'ignorance de toute autre solution. Toutefois, il convient de préciser qu'aucune preuve n'existe permettant d'affirmer l'existence d'une entente préalable en vue d'éliminer les établissements Guérin au profit de la SVA.

Une chose est sûre : en écartant les frères Guérin de la gestion de leur entreprise, Me Robert avait toute liberté d'agir. Dans quel sens ? Tout d'abord, contrairement à ce qu'il a prétendu devant le tribunal, l'administrateur judiciaire ne dirige pas seul les abattoirs Guérin. Il a délégué une partie de ses pouvoirs à un certain Thouvenot, lequel aurait précédemment effectué un stage chez SVA. Dans ce cas, s'agit-il encore d'un hasard ? L'assistant de Me Robert peut difficilement se plaindre de sa situation dans une entreprise déclarée en état de cessation de paiements. Les conditions qui lui sont consenties par le mandataire de justice ont de quoi faire pâlir les créanciers : un salaire de 50 000 F par mois, avec voiture de fonction et frais de déplacement pris en charge.

Sur un registre autre que celui des concordances et du gaspillage, figurent deux lettres du 2 mai. Elles sont adressées à Me Robert et constituent un sérieux indice qui exclut cette fois le hasard. Elles font en effet ressortir que l'administrateur judiciaire, malgré ses dénégations ultérieures, a pris quelques libertés en préférant, dans la discrétion la plus totale, c'est-à-dire sans autorisation du juge-commissaire, transférer à la SVA une partie non négligeable des actifs des abattoirs Guérin, qui se rapporte à l'activité commerciale des veaux en cours d'engraissement. Le mandataire de justice s'est refusé à donner aux frères Guérin la moindre explication sur la cession de ce fonds de commerce. Me Robert est peu pressé de fournir ses rapports de gestion et certains éléments de la comptabilité durant la période d'observation. D'autres éléments de l'enquête démontrent que la SVA se comporte, dès le mois de mai, en propriétaire des lieux. Son directeur général obtient de l'administrateur judiciaire, toujours en catimini, que du personnel technique et administratif soit mis à la disposition de la SVA avec, entre autres conditions, des engagements de « non-concurrence ».

Un examen attentif de la loi de 1985, que Me Robert semble ne pas avoir eu le temps d'étudier, précise expressément que l'administrateur judiciaire doit rétrocéder une partie de ses honoraires à son délégué, en la circonstance à M. Thouvenot. Ce que ne fait pas Me Robert. La facture de ses émoluments « omet » cette exigence du droit. En fin de compte, sur décision de la justice, actionnée par les frères Guérin, ses honoraires d'administrateur, perçus à hauteur de 1 200 000 F, ont été réduits de 50 %...

L'administrateur judiciaire est également peu regardant en tant que commissaire à l'exécution du plan de cession en faveur de la SVA. Dès le lendemain de l'homologation par le tribunal des propositions faites par le repreneur, Me Robert n'a vu aucun inconvénient à accepter que la SVA, son ancienne cliente, puisse, sans avoir réglé le moindre centime à valoir sur le prix de cession, licencier un plus grand nombre de salariés que celui relevant des engagements pris devant la juridiction consulaire et entérinés par elle. Si le tribunal a été rapide pour céder les abattoirs Guérin à la SVA, en revanche cette dernière ne paraît pas pressée de concrétiser cette reprise. L'administrateur judiciaire n'a rien trouvé à redire au délai de près de dix mois entre la signature de l'acte devant notaire, le 13 mai 1992, et la prise effective de possession. Il est vrai que durant ce temps la SVA pouvait flanquer impunément des salariés de la société Guérin à la porte et Me Robert continuait à toucher ses honoraires. Parmi les salariés, certains attendent que justice leur soit rendue depuis plus de six ans. Leur dossier fait actuellement l'objet d'un appel devant la juridiction de Rennes.

Les méthodes de gestion des finances de la société Guérin permettent de mieux comprendre pourquoi, le 24 avril 1991, jour de la mise en redressement judiciaire, l'autre mandataire de justice, Me David, improvisant avec Me Robert une réunion dans les locaux de l'entreprise, annonce une nouvelle consternante. Son message a le mérite d'être clair. Il concerne les fournisseurs : « Peu importe la suite des événements, aucun [...] ne percevra pas même un centime. » Il y a évidemment d'autres manières, pour un mandataire de justice, de défendre les intérêts des créanciers dont il a la responsabilité. En principe, ce type de verdict est rendu après étude approfondie, lorsque est fait le tour du passif, celui de l'actif disponible et à la suite de la prise en considération des conditions d'un plan de continuation ou de cession. Toutes les entreprises en difficultés financières passagères, comme les abattoirs Guérin, doivent, aux termes de la loi, d'abord faire l'objet d'efforts en vue d'un redressement économique passant par la voie des tribunaux de commerce. Il n'a jamais été écrit que la juridiction consulaire avait mission de tuer aussitôt la bête blessée pour procéder à un partage. Me David, en tant que représentant fraîchement nommé des créanciers, ne dispose d'aucune information sérieuse pour appuyer ses déclarations. Or, celles-ci se révéleront vraies. Est-ce encore là une ultime et étrange coïncidence ?

La reconstitution du puzzle de l'affaire Guérin tient à

un témoignage du 6 avril 1994. Et pas n'importe lequel ! Son auteur est un ancien président du tribunal de commerce de Saint-Brieuc qui, manifestement, ne participe pas à la dérive de ses successeurs. Il l'adresse au président du tribunal correctionnel de Saint-Brieuc dans le cadre d'une affaire qui oppose Mᵉ Robert à ceux qui ont décidé de se battre contre ses agissements. Son contenu ? Voici le récit précis de ce qui s'est dit, le 18 avril 1991, au cours d'un déjeuner réunissant cinq personnes au restaurant « Chez Crouzil » à Plancoët.

> « Au cours du repas, il a été essentiellement question de l'affaire Guérin de Trémorel. Cette société n'avait pas encore été placée en redressement judiciaire. Mᵉ Robert était particulièrement loquace et excité. Il parlait comme s'il avait été déjà nommé administrateur. Mᵉ Robert intervenait comme administrateur judiciaire depuis quelques mois seulement au tribunal de commerce de Saint-Brieuc. Il savait que cette procédure allait être son premier "gros dossier". Il a beaucoup insisté pour que Mᵉ Laurent soit nommé représentant des créanciers. Percevant qu'un autre mandataire allait être nommé, il a prétendu qu'il fallait nommer deux représentants des créanciers. Il semblait ignorer que les textes ne prévoient pas cette possibilité. Il a également rappelé que la loi du 25 janvier 1985 lui permettait de demander la nomination d'un expert. Il a indiqué qu'il ferait nommer M. Geffroy, expert-comptable à Saint-Brieuc non inscrit sur la liste des experts près la cour d'appel. Au cours du repas, M. Pietot, président du tribunal de commerce, a indiqué qu'il pensait à un repreneur. En fin de repas, il a cité le nom de la société qui s'est effectivement portée acquéreur. [...] J'ai été étonné que dans un lieu public [...] on évoque une procédure judiciaire qui n'était pas encore ouverte et très choqué

par la manière dont Me Robert l'organisait avec l'autorité de celui qui est déjà investi d'une mission. »

Tout devient à présent plus net. S'il n'est, bien entendu, interdit à personne de se réunir dans un restaurant, la teneur des propos échangés à cette occasion est révélatrice. Ainsi, alors même que le tribunal de commerce n'est pas encore saisi, six jours avant l'audience destinée à se prononcer sur un dépôt de bilan non encore enregistré, les jeux sont faits. Au cours de ce repas, se décide la mise en place de la procédure collective. Le représentant des créanciers est manifestement choisi. L'administrateur judiciaire, lui, se sait déjà investi d'une mission face au repreneur qui va être prétendument sélectionné trois mois plus tard. Le témoin de ce déjeuner a par ailleurs nommé de façon plus précise l'identité du repreneur auquel « pensait » son voisin de table. Il a en effet été entendu le 8 novembre 1993, par le SRPJ de Rennes, au sujet d'une autre affaire impliquant à l'époque le président du tribunal de commerce bavard. Celui-ci lui avait fait savoir, le 13 juin 1991, bien avant l'annonce des candidatures à la cession des abattoirs de Trémorel, qu'il « n'envisageait pas de démissionner, ayant un rôle à jouer dans la reprise de Guérin [par] SVA [...] ».

Tout converge cette fois dans la même direction. Le sort des abattoirs était réglé dès le 18 avril 1991. Les frères Guérin ne se sont pas encore présentés face à la juridiction consulaire pour défendre des années de travail et d'investissement, que leur destin est scellé. Le verdict pour les dépouiller de leur entreprise a été préalablement rendu... dans un restaurant ! Les conditions dans lesquelles a été organisé le redressement judiciaire relèvent donc d'une véritable mise en scène, dans laquelle les mandataires de justice semblent avoir fidèlement suivi la distribution des rôles au profit de la SVA.

La règle du jeu n'était pas de respecter la loi, mais de l'enfreindre. Dans cette précipitation, anomalies et fautes n'ont cessé d'être accumulées par les mandataires de justice et méritaient amplement d'être dénoncées devant la justice pénale par Me Monnet pour le compte de ses clients. Tous les éléments sur lesquels reposait la plainte, méticuleusement rédigée sur 23 pages, sont largement fondés. Suffisamment en tout cas pour déclencher une instruction judiciaire à l'encontre de Mes Robert et David. Le magistrat rennais qui l'a reçue fin novembre 1993 semblait en être convaincu puisqu'il a confié, le 1er avril 1994, au SRPJ de Rennes, des opérations d'une extrême précision. Le texte de la commission rogatoire reprenait en chapeau l'ensemble des griefs soulevés. « Mission : pour faire suite à la plainte avec déclaration de constitution de partie civile déposée le 24 novembre 1993 [...] du chef de défaut d'établissement d'inventaire, comptes annuels, rapport de gestion et de convocation de l'assemblée générale des actionnaires pour les années 1990, 1991 et éventuellement 1992 ; [...] faux, usage de faux, vol, escroqueries, abus de pouvoirs et de biens par l'administrateur commissaire à l'exécution du plan [...], complicité de recels de ces mêmes délits [...]. » Suivent quatre feuillets développant en six points l'ensemble des investigations demandées. En guise de conclusion, le juge d'instruction soulignait son souhait de voir traiter ses demandes d'intervention dans « l'urgence liée notamment au risque de dépérissement des preuves ».

Plus de quarante mois après, le dossier « urgent » du juge d'instruction n'a pas sérieusement évolué. L'inspecteur chargé de la commission rogatoire paraît avoir effectue un autre choix : tenter d'établir, en tricotant des preuves, le « délit impossible » reproché par les mandataires de justice à Me Monnet. C'est ce qu'attendaient les magistrats briochins pour lui barrer la route de la vérité. C'est raté. On ne peut pas tromper tout le monde et tout le temps.

Il reste à savoir aux ordres de qui la justice de Saint-Brieuc a agi de façon aussi scandaleuse en incarcérant arbitrairement un avocat. J'ai une petite idée, mais l'enquête ne m'a pas permis de la valider. Je laisse donc à la justice, que veut défendre notre nouveau ministre, le soin, éventuel, de le découvrir et d'envisager s'il y a lieu, comme je le pense, des sanctions. Ce type d'affaire démontre à l'évidence que l'indépendance des magistrats, nécessaire pour éviter toute pression politique, doit absolument être contrebalancée par la possibilité d'engager des recours en responsabilité disciplinaire, voire pénale, quand leur mauvaise foi est concrètement établie, surtout lorsque leurs décisions entraînent une privation de liberté.

L'enquête sur les tribunaux de commerce de Bretagne ne s'arrête pas là. La multiplicité et la diversité des dérives découvertes de Saint-Brieuc à Saint-Malo en passant par Rennes ne doit pas nous conduire à l'établissement d'un rapport encyclopédique. Nous décidons de faire un choix de dossiers pour en extraire une sélection significative.

CHAPITRE 4

Les turpitudes bretonnes se portent bien

Les tripatouillages sur la rémunération

La réglementation de la tarification et de la rémunération des mandataires de justice est un véritable serpent de mer. Il suffit de confronter les textes aux pratiques en vigueur. Les abus « traditionnels », relevant de la tolérance des parquets et des juges taxateurs, telles les doubles facturations des représentants des créanciers, ont évidemment toujours cours. Le procédé est simple, encore fallait-il y penser. Il suffit, par exemple, de rejeter de mauvaise foi un paquet de factures avant d'être contraint de les réintégrer. Le mandataire de justice est ainsi récompensé de la combine. Il est rémunéré à deux reprises au lieu d'une. Ce procédé est largement dépassé. Les constatations que nous avons effectuées ont conduit à relever des agissements traduisant une dérive de nature plus élaborée. Les dossiers Zalewski et Aurore illustrent ce propos.

Le dossier Zalewski peut se résumer en un titre cocasse : « Comment un mandataire de justice se fait actionner en justice par un de ses liquidés. » Me David, encore lui ! cette fois en qualité de mandataire liquidateur, est sans doute l'inventeur d'un procédé assez sophistiqué en vue d'assurer le gonflement indu de ses propres émoluments. Le montage juridique imaginé est intervenu dans le cadre de la liquidation judiciaire de Thierry Zalewski, décidée le 16 janvier 1991 par le tribunal de commerce de Saint-Brieuc. À l'occasion de cette procédure, l'actif de Thierry Zalewski, constitué d'un bâtiment et de deux fonds de commerce, a été estimé à près de 1 200 000 F par deux notaires. Ce montant devait permettre, à lui seul, de couvrir le passif et de régler les créanciers. Cette facilité n'étant pas du goût de tout le monde, seul un des deux commerces est donc vendu. Le reste — les murs et le deuxième fonds de commerce — traîne curieusement durant plus de six ans, sans trouver d'acquéreur. La situation arrange le liquidateur : il continue à percevoir les loyers de l'immeuble non vendu et fait ainsi durer l'encaissement d'honoraires. En revanche, cette prolongation, organisée artificiellement, au mépris de la loi, ne fait pas l'affaire des créanciers et du liquidé. Ce dernier va pâtir d'une impossibilité de poursuivre une quelconque activité commerciale tant que la procédure de liquidation n'est pas clôturée et alors même que son actif est en mesure de rembourser le passif. Il sera également pénalisé par la production d'intérêts bancaires depuis sa mise en liquidation.

La manière de prolonger ce subterfuge présente un caractère aussi surprenant que préoccupant. Me David a loué le rez-de-chaussée de l'immeuble de Thierry Zalewski à un autre de ses liquidés pour y vendre des vêtements. Au mépris des textes, puisque, en l'état, la procédure ne permet pas à un liquidé de faire du commerce. Le liquidateur semble, outre les loyers perçus depuis plus de cinq ans, y trouver un autre avantage. Le liquidé a en effet introduit devant le tribunal de grande instance de Saint-Brieuc une étrange action en justice aux fins d'obtenir la propriété commerciale du local appartenant à Thierry Zalewski. En agissant de la sorte, le second débiteur lance une procédure contre son propre liquidateur. Un comble pour un interdit de gérer ! Dans le contexte, cela revient à dire que, par ce biais, la demande est faite contre le liquidateur mais en même temps au profit du liquidateur. Cette procédure extravagante, qui s'apparente en réalité à une manœuvre dilatoire, est surtout intéressante pour Me David. Elle prolonge les opérations de liquidation de Thierry Zalewski en bloquant la réalisation de ses substantiels actifs de nature principalement immobilière.

Par des agissements de ce type, le liquidateur s'expose à des sanctions pénales. En l'absence de contrôle et de mise en cause de ce genre de comportement par le procureur de la République, une plainte avec constitution de partie civile est donc déposée, le 9 mai 1995, par les consorts Zalewski contre Me David entre les mains du doyen des juges d'instruction du tribunal de grande instance de Saint-Malo. Aucune avancée significative n'a été accomplie dans l'instruction depuis ce dépôt de plainte. La principale démarche du juge a consisté à rejeter une demande d'actes, pourtant établie sur les bases légales offertes par le code de procédure pénale. Le refus du magistrat, en date du 26 décembre 1995, repose sur une curieuse et exceptionnelle motivation : les « relations pour le moins tendues entre l'un des conseils de la partie civile et les mis en cause ». Le mandataire de justice reste protégé. Son compte honoraires gonfle tranquillement. Les créanciers peuvent attendre. Le liquidé aussi. Ce n'est pas la loi qui fait défaut mais la volonté de la faire respecter.

Le dossier Aurore concerne une société créée en 1989 et mise en redressement judiciaire le 25 mai 1993 par jugement du tribunal de grande instance de Saint-Brieuc. Cette entreprise dispose de deux salariés seulement : son fondateur et un apprenti. Elle a aussi connu la désignation de Mes David et Robert, respectivement en qualité de représentant des créanciers et d'administrateur judiciaire. Déclarée en liquidation le 15 novembre 1994, les comptes de la société Aurore font ressortir que les mandataires de justice ont perçu, au titre de cette procédure dite simplifiée, des honoraires d'intervention pour une somme globale de 45 000 F, représentant sensiblement le résultat annuel d'exploitation de l'entreprise, s'élevant au titre de l'exercice 1992 à 45 267 F. Comment une société qui avait des difficultés financières pouvait-elle espérer être redressée avec des honoraires qui grevaient totalement son bénéfice ?

Le cas de la société Aurore illustre, à lui seul, les dérives de la réglementation applicable aux mandataires de justice. Il est ici évident que les mandataires n'y sont pas allés de main morte pour facturer leurs honoraires à la société. C'est l'équivalent du bénéfice réalisé par deux personnes sur douze mois qui est utilisé pour régler des auxiliaires de justice qui, au lieu de redresser la société, l'ont assistée sur le chemin de la liquidation d'une manière que l'on pourrait qualifier de passive. L'administrateur ne paraît pas s'être déplacé dans l'entreprise. Les courriers qui lui étaient adressés faisaient l'objet de réponses rarissimes. Ses diligences se limitent peut-être au parcours Rennes-Saint-Brieuc, aller-retour, pour rendre visite au juge-commissaire. Il n'y a en effet pas de limite territoriale pour le mandataire de justice. Si ce dernier avait été domicilié à Caen ou au Havre, les honoraires auraient donc été plus importants. Ainsi le législateur n'a mis aucun garde-fou pour empêcher les administrateurs de s'octroyer des honoraires dépassant le seuil du tolérable. Ceux-ci sont déterminés, avec gourmandise, en fonction du chiffre d'affaires de l'entreprise, sans référence à sa rentabilité.

Le côté aberrant d'une telle carence de la loi permet par ailleurs aux mandataires de justice, plus soucieux de leurs intérêts que de l'avenir de l'entreprise, de percevoir une rémunération sur la réalisation des actifs, même lorsqu'ils sont vendus à perte. Ce procédé, très prisé entre copains et coquins, est une des principales causes qui conduisent les entreprises à disparaître. *Exit* les créances ! *Exit* les salariés !

Les violations de la lettre et de l'esprit des lois

L'affaire Gaspaillard est un modèle du genre. L'entreprise de ce nom emploie près de 70 salariés et présente un chiffre d'affaires de 46 millions de francs. À la suite d'un litige, de trois ans, avec un fournisseur pour une somme de 6 000 F, elle est citée à comparaître devant le tribunal de grande instance de Dinan statuant en matière commerciale. Le dossier est transmis à un avocat du cru mais, par un malheureux concours de circonstances, personne ne s'étant présenté à l'audience, la société Gaspaillard est condamnée par défaut. Le créancier impayé assigne alors, par voie d'huissier, en redressement judiciaire la société débitrice à la date du 5 septembre 1995. Prise de cours, l'entreprise Gaspaillard règle à l'huissier la somme réclamée de 10 000 F, avec l'assurance que l'affaire s'arrêtera là. Le 20 septembre suivant, l'avocat du créancier revient à la charge pour un « restant dû » correspondant aux frais d'injonction de payer avec intérêts supplémentaires et timbre de plaidoirie. Montant ? 804,71 F ! À l'occasion de sa demande de règlement, le conseil annonce : « Si vous me faites parvenir le règlement de ladite somme avant l'audience je pourrai solliciter la radiation de l'affaire. » Aucune date n'est indiquée et rien ne précise que le paiement sollicité doit être effectué sous quinze jours. C'est dans ce contexte que, le 3 octobre 1995, le tribunal de grande instance de Dinan, statuant lui aussi en matière commerciale, prononce, en l'absence du représentant de la société, le redressement judiciaire d'une entreprise non représentée à l'audience. Pour une dette de 1 000 F, alors qu'elle fait vivre, grâce aux salaires versés, plus de 200 personnes, employés et familles compris. Stupéfiant ! Surtout quand on sait que la loi de 1985 a été mise en place pour favoriser la sauvegarde des emplois.

Heureusement, cette fois l'histoire ne se termine pas trop mal pour l'entreprise « en difficulté ». La décision de mise en redressement judiciaire fait l'objet d'un recours qui est plaidé le 8 novembre 1995. Le 17 janvier 1996, soit trois mois et demi après l'ouverture de la procédure collective, la cour d'appel de Rennes infirme la mesure prise en première instance, condamne aux dépens le fournisseur un peu trop porté sur les procédures abusives. En matière d'abus, il importe de dire, à titre subsidiaire, que le représentant des créanciers a lui aussi été renvoyé dans les cordes. Il avait présenté à l'entreprise, au titre de ses « frais », une note salée de 36 884,78 F. Une somme équivalant à quarante-cinq fois le montant de la dette !

D'autres refus de respecter la réglementation sont tout aussi choquants. Il en va ainsi, au vu d'un certain nombre de dossiers, de l'article 150 de la loi de 1985, qui oblige le liquidateur à tenir informés par un rapport trimestriel le juge-commissaire et le procureur de la République « du déroulement des opérations ». Souvent, le liquidateur omet de produire le rapport, aussi bien dans les petites affaires venues encombrer en masse l'institution consulaire que dans celles dites « sensibles », où les enjeux économiques et humains sont importants.

L'absence d'un authentique contrôle du parquet permet à ces auxiliaires de justice spécialisés de conserver l'initiative et de disposer de la plus large marge de manœuvre. Ce manquement, préjudiciable à bien des égards, ne se limite pas à la Bretagne mais touche, malheureusement, d'autres juridictions en France, sans que cela trouble les représentants du ministère public. Quand ils sont présents aux audiences, ce qui n'est pas fréquent, ils ne cherchent guère à s'enquérir des anomalies ou des graves irrégularités pourtant flagrantes.

Le mépris du droit des salariés

Ce phénomène est mis en évidence au travers du dossier relatif au centre de thalassothérapie de Perros-Guirec. Placé en redressement judiciaire le 28 mars 1994, cet établissement, administré judiciairement par Me Robert, s'est rapidement débarrassé des services de M. Allain, sophrologue. L'administrateur judiciaire n'a pas eu grand mal à obtenir du juge-commissaire l'autorisation de licencier cette personne. M. Allain a reçu notification de cette décision par courrier adressé le 30 mai 1994. Motif affiché ? « Baisse d'activité importante. » Les pièces infirment le prétexte invoqué. M. Allain pose au mandataire de justice un problème dans la mesure où il s'intéresse à la défense collective des intérêts des salariés de la société. Or, dans ce domaine, la société redressée n'a pas de représentant. M. Allain fait donc savoir qu'il est candidat au poste. Sa démarche est conforme à l'article 139 de la loi du 25 janvier 1985 qui prévoit la désignation d'un délégué, pour ce type d'entreprise, dès l'ouverture de la procédure collective. Il ne possède manifestement pas le profil retenu par Me Robert pour être représentant des salariés. Il est donc viré.

Un grain de sable s'est pourtant glissé dans la belle mécanique de l'administrateur judiciaire. La convocation pour l'entretien préalable au licenciement qu'il adresse à M. Allain fait état d'une possible assistance de « la déléguée du personnel ». Or, il n'y a pas eu d'élection. M. Allain s'appuie donc sur l'article 10 de la fameuse loi de 1985 qui précise que le procès-verbal de l'élection du représentant des salariés doit être émargé par l'ensemble du personnel. Il en fait la demande. Me Robert ne se démonte pas et produit, avec le concours du débiteur, un document daté du 25 mars 1994... Le procès-verbal est « manifestement antidaté au point d'être antérieur au redressement judiciaire ». Cette accusation ressort des propres termes employés par le conseil des prud'hommes de Guingamp dans son jugement du 26 avril 1995. Les conditions d'établissement du document, destiné non pas à satisfaire les exigences de la législation mais à liquider un salarié attentif à l'application du droit, démontrent jusqu'où peuvent aller certains administrateurs dits judiciaires. La fin justifie les moyens. Dans ce genre de cas, la fin visée par le mandataire de justice n'a plus rien à voir avec la préservation des emplois prévue par la loi et le souci de redresser l'entreprise.

Une décision prud'homale, prononcée le 26 avril 1995, a considéré comme abusif le licenciement de M. Allain. Qu'importe, l'administrateur fait appel et l'affaire suit son cours en justice... grâce aux fonds de la société ! Quant à l'acte de circonstance, établi grossièrement dans des conditions que l'on connaît aujourd'hui, il a été porté à l'attention d'un magistrat instructeur du tribunal de grande instance de Guingamp. Une plainte avec constitution de partie civile de M. Allain a été déposée à cet effet le 14 février 1995. Bien que les vertus de ce faux destiné à protéger le vice crèvent les yeux, seul le réalisateur du faux a été poursuivi.

Le président juge et partie

Autre exemple d'une affaire qui commence bien et finit vraiment mal. Le 18 juin 1985, M. Cadieu, un éleveur des Côtes-d'Armor, est déclaré en règlement judiciaire et obtient de ses créanciers un concordat homologué le 24 février 1986. L'accord lui donne deux ans pour désintéresser les créanciers privilégiés, en l'occurrence les banques, et cinq ans les chirographaires, c'est-à-dire les fournisseurs. Durant les deux premières années, il parvient à faire face à un règlement progressif de son passif, au départ de 2 millions de francs environ, représentant pour une bonne part des prêts liés à l'exploitation de son affaire. Le 16 mars 1988, sur requête du mandataire de justice agissant en tant que commissaire au concordat, le président du tribunal de commerce de Saint-Brieuc prononce la liquidation personnelle de M. Cadieu. Le non-respect du concordat relève d'un simple incident de parcours puisqu'il concerne un retard de quinze jours, pour une échéance de moins de 100 000 F, dont plus de la moitié se rapporte aux créanciers chirographaires. Qui est ce président qui met le couteau sous la gorge d'un débiteur et n'hésite pas à trancher ? Ce n'est autre que le principal fournisseur, et donc créancier, de M. Cadieu. Il est incontestablement juge et partie ! Grâce à la liquidation prononcée dans ses fonctions de président, il pourra, en tant que créancier, se payer sur la bête qu'il vient d'abattre. Il constitue une SCI pour s'approprier, aux enchères publiques et à un très faible prix, un des biens immobiliers de son débiteur et le revendre ensuite plus cher, devant notaire, à la propre épouse du débiteur !

Par télex, le procureur de la République de Saint-Brieuc est immédiatement alerté. En vain. Le comportement du magistrat consulaire ne suscite pas la moindre réaction, en dépit des détails apportés sur la manière dont les débats ont été menés. Le président n'a, en effet, pas craint d'appuyer verbalement sa décision de liquidation par son impatience de créancier. De son côté, le juge-commissaire donne son accord, sans broncher. A ce jour, le liquidateur semble avoir renoncé à ses émoluments. Un cadeau pour le président, à fonds non perdus dans la mesure où ce dernier le désignera dans d'autres dossiers et à de très nombreuses reprises. Le parquet n'a pas bougé à l'époque. Une plainte a été déposée récemment, mais jusqu'ici personne n'a été mis en examen. *Exit* les règles procédurales qui prohibent et sanctionnent la confusion, même symbolique, des parties avec les juges.

Le plan de cession devient un plan de liquidation

D'autres décisions émanant d'un tribunal de commerce voisin, celui de Saint-Malo, relèvent de mœurs également contraires à la sauvegarde de l'entreprise et par voie de conséquence aux intérêts des salariés. Le cas de la société Jean Laick mérite de figurer dans les annales consulaires. Ladite société appartient à un groupe spécialisé dans la fabrication de meubles d'art, localisé à Dol-de-Bretagne en Ille-et-Vilaine. Les ateliers emploient 200 salariés et réalisent plus de 70 millions de francs de chiffre d'affaires. En 1985, un incendie ravage un des principaux lieux de fabrication employant près de la moitié du personnel. Les difficultés financières qui s'ensuivent sont dramatiques et ne peuvent être résorbées dans le temps. Le dépôt de bilan représente un espoir pour l'entreprise. Le tribunal de commerce de Saint-Malo accorde le bénéfice du redressement judiciaire le 14 janvier 1992. Me Robert, décidément sur tous les fronts, est désigné comme administrateur judiciaire. Le 7 avril suivant, à sa demande, il se voit conférer la mission d'assurer « seul » l'administration de l'entreprise. Les époux Laick passent du rang d'acteurs à celui de spectateurs. Ce qu'ils vont vivre dépasse l'entendement. Une des premières initiatives de l'administrateur muni des pleins pouvoirs sera d'étendre la procédure collective à l'ensemble du groupe et à Jean Laick à titre personnel.

Le point central autour duquel pivote l'affaire tient à une donnée essentielle : l'administrateur avait déjà son poulain pour la reprise du groupe Laick, en la personne de M. Porçon. Celui-ci était déjà sur les lieux, en tant que délégué de Me Robert, avec le titre de directeur. La cession semblait se dérouler en famille. Le choix ne se fait pas, comme dans le dossier Guérin, autour d'une table, mais par lettre recommandée avec accusé de réception. Le 19 janvier 1993, l'administrateur, Me Robert, informe M. Porçon que le tribunal de commerce de Saint-Malo a accepté l'offre de reprise qu'il a faite. C'est là que le bât blesse. Une sorte de « trahison », probablement de la dernière heure, va cette fois remettre en cause le pacte des décideurs de l'ombre. Nous ne sommes plus à Saint-Brieuc ! Le tribunal de commerce de Saint-Malo fait faux bond à Me Robert puisqu'il choisit, sept jours après l'annonce faite à M. Porçon, soit le 26 janvier, un autre repreneur. L'opération a cette fois raté. Pourtant, l'administrateur s'est donné beaucoup de mal pour décourager les candidats à la cession en ne répondant pas à leur demande d'informations comptables, nécessaires à la préparation de l'offre. Contrarié par cette volte-face, l'administrateur va, par la suite retarder la cession.

C'est ainsi que, dans la lettre transmise trop hâtivement le 19 janvier 1993 à M. Porçon, l'administrateur prend le soin d'indiquer les coordonnées du notaire chargé des actes de la cession. Dans celle qu'il est contraint de transmettre, la mort dans l'âme, au cessionnaire désigné par le tribunal, ces données n'existent pas. Pour refuser de passer les actes de cession, à partir du 26 janvier 1993 le mandataire de justice va se réclamer d'un impayé alors que les conditions prévoient un règlement au plus tard le 31 décembre 1994. Un certain nombre d'autres éléments confirment la mauvaise volonté qu'oppose l'administrateur pour se plier à la décision du tribunal de commerce. Ce petit jeu durera longtemps, trop longtemps, et ne fera qu'accroître les difficultés financières de l'entreprise. C'est ainsi que, peu après la cession, la société repreneuse sera elle-même placée en redressement judiciaire le 8 avril 1994 avant d'être déclarée en liquidation judiciaire. Pour les salariés du groupe Laick, c'est le chômage, et pour les créanciers, la perte de tout espoir d'être remboursés.

Au regard de la survie de l'entreprise, le comportement de l'administrateur paraît totalement incohérent. Il relève cependant d'une certaine logique. À ce sujet, le rapport établi par l'administrateur judiciaire de la société repreneuse est particulièrement réconfortant et édifiant. Il rassure parce que son signataire, Me Bidan, ose souligner les anomalies de gestion commises par l'administrateur désigné pour le redressement. Il permet aussi de comprendre qu'il existe des éléments susceptibles de soulever diverses infractions. Dont certaines imputables à celui qui voulait diriger « seul » l'entreprise et voir, de ce fait, son propre candidat emporter la cession. Sur ce terrain, la plainte avec constitution de partie civile de M. Laick et les pièces qui s'y rapportent font état d'un certain nombre de griefs. Ils partent de la banqueroute pour défaut de comptabilité et détournements d'actifs, passent par des ventes sans facture et finissent sur l'emploi de travailleurs clandestins.

La justice est seule à pouvoir éventuellement établir si le choix avancé du repreneur et l'empêchement auquel a été soumise par la suite la cession étaient, l'un et l'autre, de nature à masquer les griefs reprochés. Le juge d'instruction rennais saisi de cette affaire, le 14 octobre 1994, ne s'est pas laissé envahir. Deux mois plus tard, il rend sa décision : la plainte est irrecevable. M. Laick, qui doit supporter dans le cadre de sa propre liquidation tout ou partie des conséquences des dérives dénoncées, n'a pas qualité pour agir. Pour le magistrat, l'article 211 de la loi de janvier 1985 est clair : dans le cours de la procédure collective, la justice pénale ne peut être actionnée qu'à l'initiative du « ministère public, de l'administrateur, du représentant des créanciers ou des salariés, du commissaire à l'exécution du plan ou du liquidateur ». Cette interprétation restrictive mais juste de la loi peut se traduire autrement : si le parquet décide de ne pas agir, par exemple pour protéger la réputation de certains notables et, de fait, la sienne, le liquidé n'a aucun recours. Le plus important consiste non à sanctionner comme le prévoient les textes, mais à ne pas faire de vague. Le débiteur est, dans ce raisonnement, condamné à payer en silence sur son patrimoine les frasques des mandataires de justice. La chambre d'accusation a emboîté le pas au juge, mais, heureusement, pas la Cour de cassation. Par un arrêt du 7 mai 1996, elle a, à juste titre, considéré que certains faits mis en avant par M. Laick n'entrent pas dans l'application de la loi et étaient de nature à causer un préjudice direct au plaignant. Il lui est donc reconnu qualité pour agir en justice. Ouf ! Le dossier est ainsi renvoyé devant la cour d'appel de Rennes. Depuis ? La procédure s'est limitée à quelques auditions... D'innombrables débiteurs ainsi traités par leur administrateur sont restés recroquevillés dans leur malheur car ils n'avaient ni les moyens ni l'opiniâtreté de M. Laick. Ils font désormais partie en France d'une majorité silencieuse de justiciables qui, dans l'écœurement, ont renoncé à faire prévaloir leurs droits face au milieu consulaire. M. Laick n'a pourtant pas encore fini de se battre. L'administrateur n'a toujours pas rendu le moindre compte à la justice pénale. Il n'a, semble-t-il, même pas été mis en examen.

Le liquidé échappe à sa liquidation

Le dossier de Jean Gedoin peut prétendre à une excellente place dans le livre des records sous la rubrique : longévité des procédures commerciales. L'intéressé, à la tête d'une entreprise individuelle faisant le commerce de grains, a été déclaré en règlement judiciaire le 3 mars 1970, puis en liquidation de biens le 22 juillet 1975. Vingt-sept ans après son ouverture, cette procédure collective, décidée par le tribunal de commerce de Saint-Malo dans le cadre de l'ancienne loi du 13 juillet 1967, n'est toujours pas clôturée ! Son passif de l'époque, de l'ordre de 14 millions de francs, correspond aujourd'hui, d'après les données de la Banque de France, à près de 70 millions. Ici, le temps c'est de l'argent pour le liquidateur, sauf pour les créanciers qui, eux, attendent toujours d'être payés.

Une seule et pertinente question vient immédiatement à l'esprit. Que s'est-il passé ? Généralement, les liquidations personnelles sont réglées avec une célérité qui parfois ne permet même pas aux débiteurs de réaliser que leur patrimoine va ou a été complètement absorbé. Dans la réalité, on s'aperçoit que la liquidation est surtout utilisée pour rémunérer les mandataires de justice dont les honoraires sont quelquefois aussi impressionnants que la manière employée pour conduire l'entreprise à la faillite. Ainsi sera emporté à jamais l'appartement ou la petite maison acheté pour la retraite, grâce à de nombreuses années de travail. L'article 15 de la loi de l'époque est implacable. Le jugement qui prononce la liquidation entraîne non seulement le dessaisissement pour le débiteur de l'administration et de la disposition de tous ses biens, mais également de ceux qu'il peut acquérir à quelque titre que ce soit. Le texte ne laisse aucune place au doute : tant que le passif n'est pas intégralement remboursé, le liquidé a non seulement perdu ses biens mais se verra normalement privé de ceux à venir. Or, dans le dossier Gedoin, le liquidé n'appartient pas à cette catégorie de débiteurs ruinés par des affaires qui ont mal tourné ou à cause d'un liquidateur qui n'hésiterait pas à recourir aux pires manœuvres.

Jean Gedoin est à l'abri des rigueurs de la loi qui devraient s'appliquer à lui, depuis plus d'un quart de siècle. Durant ce temps, son patrimoine a pu gentiment et considérablement prospérer sans que ses vieux créanciers ou leurs héritiers en profitent. Face à cette situation, la justice consulaire, tout comme le parquet de Saint-Malo, n'a jamais levé le petit doigt.

Dès le départ, Jean Gedoin, bien décidé à ne pas honorer ses dettes, change de régime matrimonial après le règlement judiciaire. Il abandonne celui de la communauté et adopte celui de la séparation des biens, avec la bénédiction du tribunal de grande instance de Saint-Malo qui l'homologue le 5 novembre 1970, et bien évidemment avec celle du procureur de la République. Ce dernier ne veut pas voir dans ce procédé une manœuvre pour soustraire aux créanciers le patrimoine immobilier d'un débiteur soumis à une procédure collective.

Pourquoi s'arrêter lorsque la route est dégagée ? En janvier 1971, sans l'assistance d'un syndic auquel la loi le soumet à l'époque, Jean Gedoin devient gérant d'une première SARL, créée sous le nom de Codif International mais dont les parts apparaissent sous deux noms : celui de son fils âgé de 20 ans et d'un membre de son entourage familial. Ce dernier sera remplacé, le 31 décembre 1981, en tant qu'associé par l'épouse de Jean Gedoin, à laquelle il cède donc ses parts. Le même jour, en guise d'étrennes, Mme Gedoin fera donation de la quasi-totalité de ses titres à ses quatre autres enfants, dont deux sont encore mineurs. Parmi les majeurs figure celle qui sera, en 1984, l'épouse du liquidateur bien connu dans l'Ouest de la France, Me David. En 1991 si, après seize ans d'attente, les créanciers de l'ancienne entreprise de Jean Gedoin trouvent le temps long, il n'en va pas de même pour ce dernier. Ses affaires lui accordent peu de répit. Elles marchent si bien qu'en 1994 sa société est transformée en SA et sa rémunération mensuelle atteint plus de 46 000 F. En 1995, il passe à la vitesse supérieure. Il est nommé PDG et membre du conseil d'administration. À cette occasion, il « oublie » de rappeler qu'il est interdit de gérer ou d'administrer une quelconque entreprise, comme tout liquidé qui n'a pas résorbé son passif. Mieux, il déclare officiellement n'être frappé d'aucune interdiction. Tout baigne. En 1995, des dividendes de près de 6 millions de francs sont distribués. Sur cette lancée, deux sociétés civiles sont constituées, la Financière Alag et Sogesmo, dans lesquelles il sera naturellement le gérant, encore une fois malgré son interdiction. Ces deux sociétés vont voir leur capital initial de 1 000 F chacune s'élever, pour l'une et l'autre, à 7 millions de francs. L'épouse de Me David est l'heureuse associée de Sogesmo, selon un apport évalué à 2 millions de francs. Pas ingrate, Mme David décide, le 27 janvier 1995, de faire donation de l'usufruit de la totalité de sa participation dans Sogesmo à sa mère et à... son père. Jean Gedoin a bien manœuvré... surtout contre ses créanciers qui attendent maintenant depuis plus de vingt ans qu'il s'acquitte de ses dettes personnelles.

L'épouse d'un liquidateur qui vole au secours de son père pour lui permettre de détourner des actifs au préjudice des créanciers, fait pour le moins mauvais genre dans le monde consulaire. Dans un tel cas, il n'est peut-être pas évident pour le liquidateur de ramener le beau-père à la raison, surtout lorsqu'on sait que ce dernier, au travers de ses sociétés, dispose aujourd'hui de multiples participations en France et même aux États-Unis, en

Angleterre, en Thaïlande et en Suisse. Cette invraisemblable procédure collective, qui dure depuis plus d'un quart de siècle, laisse pantois. La situation d'impunité qui en ressort est d'autant plus alarmante sur le fonctionnement de la justice que l'article 10 de la loi du 13 juillet 1967 donnait la possibilité, tant au syndic qu'au procureur de la République de Saint-Malo, d'obtenir tous renseignements utiles sur les opérations réalisées par le liquidé. Il suffisait de s'adresser au guichet voisin, en l'occurrence celui du greffe du tribunal de commerce de Saint-Malo. La mine de renseignements à recueillir était là ! Encore fallait-il vouloir savoir. Ce que l'on ne pouvait pas ignorer se rapportait au moins à la loi : tant que la procédure de liquidation n'est pas clôturée, les créanciers n'ont pas la possibilité de reprendre les poursuites individuelles à l'encontre du débiteur. Devant l'éternité, vingt-cinq ans ne représentent rien. Des créances qui, à ce jour, correspondent à plus de 70 millions de francs, non plus. C'est ce que doit penser le parquet de Saint-Malo, mais probablement pas ceux qui attendent que le procureur défende la loi et, à travers elle, leur droit légitime.

Un repreneur privilégié

La société Labbé est installée à Lamballe dans les Côtes-d'Armor. Spécialisée dans le blindage de véhicules de tourisme et de camions de transport de fonds, elle est, de ce fait, régulièrement sollicitée par les services d'hommes politiques soucieux de se déplacer en sécurité. Elle employait près de 200 personnes avant de connaître des difficultés financières qui l'ont conduite au dépôt de bilan. Pour elle, la procédure n'a vraiment pas traîné. Le tribunal de commerce la place en redressement judiciaire le 6 juillet 1988 et l'expédie, trois semaines après, dans les enfers de la liquidation. Les acteurs font leur entrée dans l'ordre suivant. D'abord Me Laurent, qui se distinguera en 1991 par sa présence à un curieux repas. Il fera une brève apparition en qualité d'administrateur judiciaire avant de passer le relais à Me David dans le rôle du liquidateur. Dès son apparition, ce mandataire de justice va brutalement abréger la vie de la société Labbé. Par requête datée du « 0/08/88 » *(sic)* — peut-être s'agissait-il du 31 juillet à minuit ! — il choisit, grâce à une des trop larges facilités qu'offre la loi, une société en cours de constitution pour la cession à forfait des actifs. Le « 9 août 1988 à 16 h 45 », cette fois la précision est extrême, le juge-commissaire Danchaud ordonne l'opération. Ainsi, le fonds de commerce est cédé pour 1 F ; le stock pour 3 millions de francs ; un immeuble à Bondoufle (Essonne) pour 2 millions de francs et d'autres immobilisations pour 8 200 000 F. Une précision sur ce dernier montant : le repreneur ne doit régler que 200 000 F. Le reste, soit 8 millions de francs, est payable par compensation avec la reprise des emprunts contractés par la SA Labbé. C'est à partir de là que l'histoire prend une tournure intéressante.

Le repreneur qui se cache derrière l'entreprise bénéficiaire de la cession est un certain Daniel Gautier, expert-comptable, qui enfreint, sans se poser de problème de conscience, les règles déontologiques de la profession lui interdisant d'exercer une activité commerciale parallèle. Il est aussi ami des époux David. Il intervient « officiellement » au nom et pour le compte de la Société nouvelle des Ets Labbé, créée pour la circonstance. En réalité, au travers de la SCI François-Ier — une boîte aux lettres située à Paris —, il dispose de 80 % du capital des Ets Labbé. Dans l'attente de régulariser les cessions d'actifs, Me David ne reste pas inerte. Il envoie rejoindre les rangs des chômeurs une salariée qui pourtant figurait sur la liste, dite définitive, du personnel que le repreneur s'engageait, dans son offre homologuée par le juge, à conserver. Motif non affiché ? Il s'agit de la sœur de l'ancien PDG qui pourrait devenir un témoin gênant pour la suite des opérations. Dans la foulée, le liquidateur va faire appel à son beau-frère, Me Lemasson, qui, en tant que conseil juridique, aura pour mission de réaliser la convention de cession du fonds de commerce. La procédure prend un caractère familial qui ne se démentira plus au fur et à mesure du déroulement d'autres opérations. Les créanciers en seront bien évidemment écartés.

Pressé au départ, le liquidateur marque le pas pour la vente de l'immeuble de Bondoufle, dont le juge-commissaire avait ordonné la cession à la Société nouvelle des Ets Labbé. Contrairement à cette décision, c'est une SCI domiciliée dans la commune du bâtiment qui enlève le morceau, le 30 décembre 1988. Un passage de l'autre côté de la façade permet de relever que la société acquéreuse a été créée le jour de la vente ! Au bénéfice des époux Gautier. Ainsi, le prix intéressant de l'immeuble consenti par la justice consulaire, au départ à une personne morale, profite en fin de compte, de manière irrégulière, à des personnes physiques. Ces dernières vont pouvoir louer les locaux à la société repreneuse qu'ils contrôlent majoritairement. Pour clôturer la liquidation, le mandataire attendra le 3 janvier 1995. Plus de six ans au total. Remerciement pour sa grande compréhension ? Un deuxième passage derrière la porte blindée de la société des époux Gautier permet de mieux comprendre ce qui s'est manigancé.

Le compteur des honoraires de l'administration et du liquidateur a évidemment tourné et bien tourné : 1 449 292 F TTC, pour une société débarrassée de ses actifs en quelques semaines, dont une partie au profit d'un copain ! Dans le genre « liquidation avant fermeture », le procédé rapporte beaucoup au liquidateur. Le système a de quoi décourager les chefs d'entreprise en difficulté responsables d'emplois, pas les mandataires. Le caractère condamnable de la situation ne s'arrête pas là. Au fil des six années passées, beaucoup de choses sont découvertes, notamment dans le domaine investissement grâce aux gros profits réalisés dans ce type d'opérations.

Un des cas détectés se rapporte à la SARL Simmorance qui, de Bretagne, transfère son siège à Nanterre en mai 1993. Elle est liée à Daniel Gautier au travers d'une société-écran. Elle prétend faire de l'investissement et du développement mais dispose d'un capital social de 200 000 F, ce qui est peu. En dépit de ce handicap majeur, tout semble réussir à Daniel Gautier. En 1995, la société Simmorance va vendre un terrain situé rue du Patay, Paris 12e. En dépit d'une valeur de 33 336 000 F, il est cédé au prix de 10 millions de francs à une société HLM de la capitale. Malgré une perte de plus de 20 millions de francs sur cette opération, les résultats, qui étaient de 230 000 F en 1994, grimpent à 19 149 759 F en 1995. La magie des chiffres tient au fait que la banque La Hénin s'est montrée d'une extrême générosité. Elle a financé pour la société de Daniel Gautier le terrain mais a renoncé à se faire rembourser l'emprunt correspondant de 18 197 144 F ! Les dirigeants de société qui sont conduits à voir disparaître leur entreprise et les emplois à cause des banques apprécieront. Ceux qui voient leur maison vendue aux enchères parce qu'ils sont dans l'impossibilité de régler leurs échéances du fait de la crise, aussi. Surtout s'ils sont clients de ladite banque. Le mystère qui entoure la réaction de la banque sur cette acquisition de terrain par les HLM de la ville de Paris, auprès d'une entreprise domiciliée à Nanterre, reste pour le moment entier.

Les sociétés dans lesquelles intervient le fameux repreneur de la société Labbé sont multiples. Parmi elles, une structure créée le 20 juillet 1990 sous un nom original : Top Campus Beaulieu. C'est une société en nom collectif, ce qui est plus communément désigné sous le terme SNC, qui abrite, outre les époux Gautier, certains autres actionnaires de la société créée pour reprendre les actifs de l'entreprise liquidée par Me David. Les titres changent curieusement de mains pour finir dans celles de sociétés appartenant aux Gautier. Dans le nombre, l'entreprise Sigau présente la particularité d'être associée dans la SNC Orient Stone, en assurant la cogérance à parts égales avec la SARL Petrus. Les deux dernières sont domiciliées à Saint-Martin aux Antilles. Un vrai jeu de piste, bien imaginé pour maintenir en haleine le chercheur. Au bout du parcours, la solution de l'énigme est contenue dans les statuts de la SARL Petrus. Celle-ci est détenue à égalité par Me David et son épouse ! Autrement dit, d'après les dates, trois ans après les avantages accordés par le liquidateur au repreneur, ces derniers et leurs épouses respectives se sont associés dans une SNC antillaise dont la spécificité consiste à défiscaliser de gros placements ! Cela concerne bien sûr ceux qui paient beaucoup d'impôts. Autrement dit ceux qui ont d'importants revenus. C'est le cas de Daniel Gautier au travers de plusieurs sociétés, surtout depuis que celui-ci a bénéficié d'une cession très avantageuse de la part du liquidateur. Daniel Gautier est d'ailleurs loin d'être un ingrat. Il participera plus tard à la création d'une autre SNC : Top Campus Rennes Beauregard. Les statuts ne mentent pas : ils désignent comme associés la société Sigau des époux Gautier et, encore une fois, la SARL Petrus détenue par les époux David. Cette fois, le liquidateur et le repreneur investissent des Antilles vers le territoire métropolitain, en Bretagne même.

Les copains, qui ont agi comme des coquins au préjudice des créanciers de la société liquidée, se sont associés *fifty-fifty* derrière ce qu'ils croyaient probablement être un blindage juridique. Leur trésor, mis à l'abri des regards indiscrets, est maintenant découvert, dans une île, au beau milieu de la mer des Caraïbes !

CHAPITRE 5

Le réveil des morts-vivants

Le rapport d'enquête sur les « dysfonctionnements de la justice commerciale dans certains tribunaux de Bretagne » est terminé le 6 février 1996. Il a nécessité six mois de travail minutieux et la collecte de milliers de pièces qu'il a fallu analyser page par page. Pour matérialiser tous les faits, ainsi que les mises en cause soulevées, d'une extrême gravité sur le plan pénal, trois volumineuses annexes accompagnent le document de synthèse. Cette manière de procéder constitue une exigence respectée par mon cabinet depuis sa création. Elle permet au client, mais éventuellement à la partie adverse et aux autorités judiciaires quand celles-ci sont amenées à avoir connaissance des résultats des investigations financières, de vérifier les éléments mis au jour. Les preuves de ce qui est avancé sont à la portée de l'ensemble des personnes concernées, ce qui évite tout reproche de procès d'intention. Je pense aussi qu'il appartient aux seuls services de la justice de poser, au besoin, les questions qui s'imposent face à certaines de nos découvertes. Mon cabinet a pour unique mission de fournir les moyens d'éclairer la justice, pas de se substituer à elle. Cet ouvrage a été rédigé dans le même esprit.

Le 13 février, un jeu complet du rapport est transmis par l'« Association de lutte contre les délits de type mafieux » au parquet général de Rennes. Aucune réaction... Pourtant, les conclusions sur les éléments appréhendés, bien que rédigées avec une sobriété quasi administrative, par un magistrat et un ex-policier, ne manquent pas de clarté :

> « L'ensemble des constatations effectuées mettent en évidence des multiples dysfonctionnements dont la diversité [soulève] des dérives liées à des pratiques délibérément contraires à la loi. Dans un contexte économique général marqué par une crise alimentée par un taux de défaillances d'entreprises générant un chômage croissant, les abus de pouvoir caractérisés de la part des organes des procédures collectives mandatés par les tribunaux de commerce apparaissent de moins en moins tolérables. L'autorité judiciaire, plus particulièrement les juridictions répressives déjà saisies par les victimes d'agissements frauduleux imputables à des auxiliaires de justice, devrait voir son action entrer dans une phase décisive, avec le concours de l'ensemble des partenaires de justice compétents. À travers la mise à l'écart d'un membre du barreau, qui avait osé s'attaquer de front au dévoiement de la justice consulaire locale érigée en véritable système de captation des actifs des sociétés en difficulté et au mépris du maintien de l'emploi, la révélation de ces atteintes au droit ne manquera pas de contribuer à la manifestation de la vérité dans le cadre des informations actuellement suivies dans plusieurs juridictions de la cour d'appel de Rennes. La justice commerciale [...] présente depuis plusieurs années des caractéristiques qui méritent d'attirer puis de maintenir l'attention de l'autorité judiciaire et de toute personne soucieuse de la contribution du droit à l'équilibre économique. »

Depuis le scandale de l'impunité de la corruption politique, de nombreux juges se sont, apparemment, débarrassés des pressions et même de leurs complexes. Cette avancée, sans être générale, est malgré tout considérable. Elle se limite cependant, trop souvent, aux affaires qui visent la classe politique, pas au monde consulaire. Il est vrai que la chose étant nouvelle, les projecteurs des médias se fixent plus facilement sur les membres du gouvernement, les parlementaires ou les représentants des collectivités territoriales qui sont en prise avec la justice. Ce type d'affaire semble davantage faire réagir parquets et juges d'instruction. Il est nécessaire mais bien insuffisant pour donner à l'opinion le sentiment que la justice est sortie de son ornière. Trop de domaines, non placés sous le feu de l'actualité, sont négligés alors que le préjudice, souvent important, ruine la vie des victimes. Dans ces cas, l'absence de caméra permet un traitement à base d'indifférence, voire de négligence. Côté politique, c'est l'argent public qui est détourné. Côté consulaire, ce sont des emplois qui sont à jamais détruits. Sur ce terrain, il y a tant à faire et rien ne bouge ! Le phénomène est pourtant de grande ampleur, mais la coupable neutralité de la justice pénale conforte les délinquants dans un sentiment d'impunité. Il est vrai que les plus grands scandales qui ont éclaté ces dix dernières années ont été connus essentiellement grâce à des actions individuelles et rarement du fait d'une volonté politique ou de celle de l'autorité judiciaire. Il en a été ainsi du dossier de la corruption politique. C'est aussi le cas de l'affaire du sang contaminé qui a enfin pu être ouverte, en mai 1991, grâce à l'opiniâtreté de certaines victimes. Quel sort aurait été réservé aux turpitudes de l'ancien maire d'Angoulême sans la constance d'un de ses administrés, Marcel Dominici, devenu célèbre pour son opposition à la paralysie des instances locales ? Ce ne sont là que quelques exemples.

Combien de scandales qui ont mis à mal, ici la santé, là l'économie, ailleurs la justice, plus loin l'emploi ? Faute de nouveaux croisés contre la politique du « pas de vague » ou de l'étouffement, le saurons-nous jamais ? Le pouvoir et la justice ne se mettent trop souvent en branle que lorsqu'ils ne peuvent faire autrement. Ils n'agissent que l'épée de la presse dans les reins. L'« Association de lutte contre les délits de type mafieux » prend conscience du problème et projette de rendre le rapport public. Pas en Bretagne, où la justice répressive ne veut rien voir, même ce qui saute aux yeux.

Le 12 mars suivant la remise du rapport, une conférence de presse est donc organisée par une équipe bretonne résolue à faire entendre sa voix dans les salons de l'hôtel Lutetia à Paris. J'y suis convié et ne manque pas de manifester ma présence pour aider à faire comprendre aux médias les conséquences dévastatrices de la dérive des tribunaux de commerce. Je sais, par expérience professionnelle, publique puis privée, que le mal n'est pas circonscrit à la Bretagne. Il sévit également dans divers autres départements. La cause de ceux qui, bien qu'ayant perdu à jamais leurs biens, ont décidé de se battre doit être soutenue. Le message se veut précis. L'opinion ne peut plus ignorer que les entreprises sont souvent coulées par les sordides intérêts privés de ceux qui, paradoxalement, sont désignés par la loi pour leur donner une chance de se redresser. L'entreprise que l'on fait disparaître engendre un chômage au présent mais aussi dans le futur. Celle qui est détruite, dont on sait aujourd'hui comment et pourquoi, ne peut plus offrir d'emplois ni en créer. Tout le tissu économique et social de nos régions, déjà en proie à une crise profonde, est cette fois menacé de l'intérieur par l'avidité et l'irresponsabilité de certains hommes. Une réforme en profondeur de l'institution consulaire devient indispensable si l'on veut combattre ce fléau et réduire le chômage en France.

En dépit du nombre restreint de journalistes présents, le message passe. Il est d'autant mieux reçu que le jour choisi par les Bretons pour se déplacer à Paris est aussi celui où le tribunal correctionnel de Nanterre annonce la condamnation, pour différentes malversations, de trois magistrats consulaires et d'un administrateur judiciaire officiant à Bobigny. L'événement est rarissime. Le hasard du calendrier fait bien les choses. Le dossier des tribunaux de commerce de Bretagne joue donc le rôle de catalyseur et permet de lancer un coup de projecteur sur la situation dans le pays. Pour faire bonne mesure, les journaux mentionnent les poursuites engagées contre un autre administrateur judiciaire, de Nanterre, pour corruption, escroquerie, faux et usage de faux. Ainsi, les arguments déployés pour soulever la nécessité d'une réforme sérieuse tombent à pic pour alimenter la réflexion sur une dérive dont on commence à percevoir l'ampleur. À la lecture de la presse, je me mets à espérer. Les multiples réactions déclenchées en Bretagne par l'incarcération de Me Monnet sont à l'origine d'une large enquête. Ses retombées médiatiques participent à une prise de conscience au niveau national. Le combat entrepris par l'avocat de Saint-Brieuc lui aura coûté très cher, mais les faits lui donnent raison. Sa lutte ne sera donc pas inutile. Semaine après semaine, les articles sur les tribunaux de commerce font pleuvoir d'impressionnantes lettres de victimes du système. De la France entière ! Je suis donc amené à prendre connaissance, à mon tour, de nombreux courriers ainsi que de multiples dossiers adressés à mon cabinet. L'Association des Bretons indignés est, elle aussi, assaillie au point de voir chaque jour son standard exploser. Ceux qui, jusqu'ici, avaient subi dans l'indifférence l'arrogance de l'injustice consulaire sortent d'une torpeur entretenue par des années de silence. Une réaction de cette ampleur et d'une telle promptitude me paraissait inimaginable en 1994. L'Association est elle-même surprise. La brèche qu'elle a ouverte dévoile une colère rentrée depuis des décennies. Les réunions publiques organisées dans divers coins de France donnent la mesure du phénomène. La justice consulaire est sérieusement atteinte par le cancer de la prévarication. Rares sont les endroits épargnés. C'est ce qui ressort de l'étude des dossiers. Les informations recueillies sont considérables et soulignent la responsabilité de la juridiction consulaire et de ceux qui sévissent après avoir été désignés par ses soins, les auxiliaires de justice.

Bien des éléments portent à croire qu'un véritable aveuglement a dû s'emparer du législateur lors du vote de la loi de 1985, et plus particulièrement lors de la mise au point des dispositions de la rémunération des mandataires de justice. Il suffisait de faire fonctionner un peu sa cervelle, en même temps que sa calculette, pour s'apercevoir que les mesures adoptées allaient leur donner des moyens extraordinaires pour se lancer, certes avec quelques astuces, dans une ponction frénétique de la trésorerie des entreprises. Or, ces dernières n'avaient rien de vaches à lait puisque leur spécificité était justement d'être asséchées.

Si le coût fixe accordé aux administrateurs judiciaires est de 15 000 F pour chaque procédure générale et 10 000 F pour celle dite simplifiée, les choses commencent à dérailler lorsque la rémunération devient proportionnelle au nombre de salariés mais surtout au chiffre d'affaires. Les pourcentages sont nettement plus intéressants si l'administrateur remplace dans la gestion le débiteur chef d'entreprise. Pourquoi le garder, quand on peut s'en débarrasser, avec l'accord du tribunal, même sans motif valable ? Le tiroir-caisse est loin d'être fermé. L'administrateur a, en outre, droit à un pourcentage du montant de la cession des actifs. Les dessous-de-table étant nets d'impôt, les cessions occultes sont ainsi, de très loin, les plus lucratives. Plus en tout cas qu'ils ne recevraient officiellement lors de bonne cession, pour éponger le passif.

Quant au mandataire de justice opérant en tant que représentant des créanciers dans la période d'observation, son droit fixe est le même que celui de l'administrateur. Sa rémunération est complétée d'un droit sur les créances vérifiées, majorées d'un pourcentage en cas de contestation. Bien évidemment la combine, aussitôt utilisée par les indélicats, consistera à rejeter beaucoup de créances, pour toucher une deuxième fois avant de les accepter. En qualité de liquidateur, il bénéficie enfin d'un pourcentage sur le recouvrement des actifs, également majoré en cas de bonne performance à la vente. Là encore, ce que l'on sait des conditions de négociations d'actifs ne rend pas optimiste. L'excitation du liquidateur à la cession des actifs au meilleur prix relève, dans de nombreux cas, de la théorie. En pratique, c'est plutôt la braderie entre amis, où chacun trouve son compte, sauf naturellement les créanciers et le débiteur si celui-ci est condamné au comblement du passif. La rémunération de l'administrateur et du liquidateur est payée par l'entreprise, rubis sur l'ongle. Même celle des experts, trop souvent de mèche avec certains mandataires de justice pour faire du chiffre sur le dos de la société pourtant malade et parfois très malade. Le traitement qui en résulte, loin de la redresser, va souvent l'achever. Un comble quand on sait que la loi n'a prévu aucun rempart contre ce genre de dérive. C'est le juge-commissaire, ou le tribunal, qui contrôle et accepte ces rémunérations. Et quand ils sont d'accord — ce qui est trop souvent le cas —, c'est la société qui trinque avec les salariés et les créanciers. Parmi ceux-ci, à cause des impayés, d'aucuns seront contraints de déposer le bilan et feront, à leur tour, l'objet d'un redressement ou d'une liquidation. Le mouvement infernal est ainsi amorcé et l'on sait rarement combien les magouilles qui s'organisent à l'ombre des tribunaux de commerce auront fait de victimes.

De nombreux débiteurs et même des créanciers scandalisés ont essayé de s'opposer à ces pratiques. Ceux qui étaient mis en cause ou leur entourage leur ont fait délicatement comprendre que la démarche n'était pas dans leur « intérêt » : ils pouvaient eux-mêmes être poursuivis si le mandataire de justice en charge de la procédure décidait de saisir le parquet sur certaines anomalies constatées ou relevant souvent d'une interprétation insidieuse. Ils ont presque tous renoncé, plutôt que de prendre le risque d'être confrontés à la machine judiciaire devant laquelle il arrive que l'on soit obligé de prouver son innocence alors que rien ne peut sérieusement justifier votre mise en cause. Ce qu'a connu Me Monnet est un cas particulier, mais la peur d'une mise en examen paralyse un nombre considérable de personnes.

J'ai moi-même subi ce sort, en avril 1992, au titre de la dénonciation calomnieuse, pour avoir osé déposer plainte contre Bernard Tapie dans l'affaire des comptes de l'OM. Le magistrat instructeur marseillais de l'époque s'était empressé d'exécuter les réquisitions du parquet, lesquelles traduisaient l'agacement de la Chancellerie. Mon insistance à faire ouvrir le dossier de celui qui, entre-temps, était devenu ministre n'était pas du goût de tout le monde. J'ai pris cela à la rigolade et je n'avais pas tort. Je suis toujours en examen mais Tapie a été condamné suite au développement de l'affaire qu'il me reprochait d'avoir portée à la connaissance de la justice !

Les pressions, même si elles sont fantaisistes, sont plus difficiles à traiter dans l'indifférence quand son entreprise est en jeu, ou lorsque tout son patrimoine personnel risque d'être englouti dans une procédure, selon le bon vouloir d'un auxiliaire de justice. Certains malheureux ont fait les frais d'une longue procédure pour faire annuler, devant la cour d'appel, la mesure ordonnée par le tribunal de commerce de manière exécutoire. Ce sont des mois et des années de procédure, qui coûtent cher au débiteur et aux créanciers, mais rien au mandataire, même s'il a tort.

La logique de rémunération de ces auxiliaires de justice est intolérable. Leurs revenus qui, dans les grandes villes, peuvent atteindre 10 millions de francs annuels par étude proviennent essentiellement de la liquidation des sociétés puisque celle-ci représente 90 % des procédures collectives. 10 % seulement des entreprises font l'objet d'un redressement et 5 % s'en sortent réellement. Ces nouveaux riches ont réalisé leur fortune sur la crise économique et surtout sur la détresse humaine. Ils font dorénavant partie des gros contribuables. Comme on l'a vu, et d'autres cas sont loin de l'infirmer, la préoccupation de ces « parasites » consiste surtout à trouver des protections fiscales dans des zones off shore, à l'exemple de l'île Saint-Martin.

À ce sujet, un mandataire de justice brestois, très vivement controversé dans ses procédés et ses choix de repreneurs, inquiète beaucoup ceux qui sont passés par son étude après une découverte récente. Celui qui a ratissé leurs biens, souvent jusqu'à la corde, est loin de l'avoir fait pour l'unique bonheur des créanciers. Une des affaires à laquelle son nom restera attaché tient aux conditions de la liquidation judiciaire d'un groupe hôtelier brestois constitué à partir de la SA Saint Marc Constructions. Son redressement avait été prononcé le 17 mai 1993. La décision de passer à la liquidation, de manière contestable et contestée, est prise le 23 novembre suivant par le tribunal de commerce de Brest. Me Bernard Corre — celui qui est loin de faire l'unanimité chez les Bretons — passe des fonctions de représentant des créanciers à celles de mandataire liquidateur. La procédure est étendue au groupe constitué d'une vingtaine de filiales propriétaires d'immeubles, de résidences hôtelières et d'hôtels-restaurants répartis aux quatre coins de la Bretagne. L'empressement mis à liquider l'entreprise, malgré des actifs importants détenus notamment sous l'enseigne Marcotel et un passif non encore vérifié par le représentant des créanciers, surprend.

Tout d'abord le juge-commissaire attribue à un particulier un studio à Brest pour le prix de 55 000 F, soit à un coût de 2 700 F le mètre carré alors que dans la ville il se négocie de 8 à 10 000 F. Or, la vente est curieusement enregistrée chez le notaire cinq mois plus tard. Quinze jours après, l'acheteur revend son bien à un excellent prix, 100 000 F, soit une plus-value de plus de 80 % ! La performance mérite d'être saluée dans un marché en crise. Elle le sera d'ailleurs par le journal régional qui, rapidement, publie des articles sur le thème : achetez à bas prix et revendez aussitôt avec de substantiels bénéfices ! Une lecture attentive permet de relever qu'il s'agit encore des actifs du groupe liquidé dont a profité cette fois une société de marchand de biens récemment créée. On apprend ainsi qu'elle a acquis des dizaines de studios et appartements à des prix défiant toute concurrence, dans le cadre de la fameuse vente dite de « gré à gré ». Dans ce cas, contrairement à la vente aux enchères, le prix relève de la seule décision du juge-commissaire, sur proposition du mandataire liquidateur. En se passant de toute publicité, ce procédé ouvre la porte à diverses dérives. Certaines entreprises sont spécialisées dans ce type d'opérations particulièrement juteuses ; il leur suffit d'être « en cheville » avec les hommes clés de la situation. C'est donc par la méthode du « gré à gré » qu'a été vendue une grande partie des actifs du groupe Saint Marc Constructions et, en particulier, à la fameuse société mise en vedette par la presse. Si le tribunal a été très strict pour liquider le groupe il a fait montre, en revanche, d'un manque de rigueur lors des mouvements réalisés durant la procédure. À titre d'illustration, sur requête du 30 septembre 1994, la société de marchand de biens s'est vue déclarée cessionnaire de différents lots composant un ensemble immobilier à Brest, pour la somme de 1 million de francs. La vente chez le notaire se fera trois mois plus tard. Toutefois, trois jours après la signature de l'acte, les biens immobiliers sont revendus avec une plus-value de 40 % ! Bien mieux, quelques mois plus tôt, dans les mêmes conditions, un appartement était attribué au prix de 170 000 F à une société qui n'était même pas inscrite au registre du commerce. Cela n'a interpellé ni le juge-commissaire ni le liquidateur. Ils auraient pourtant pu découvrir que cette société n'était qu'un prête-nom puisque la vente se fera en définitive au nom d'une autre société qui, le même jour, revendra le bien avec un bénéfice supérieur à 40 %. Le soupçon d'un arrangement sur le dos des créanciers existe. Il serait renforcé si, dans les deux cas, c'était toujours la même société qui bénéficiait d'une plus-value extraordinaire, grâce aux avantages du « gré à gré ». Contrôle réalisé, le doute n'est plus permis. Dans les deux cas, c'est la même société de marchand de biens qui empoche le jackpot. La vente de « gré à gré » ne cesse d'ailleurs de lui réussir. Une troisième lui permet d'être désignée comme attributaire de 27 studios pour un prix de 3 275 000 F, soit 120 000 F l'unité. La vente sera réalisée six mois plus tard. Ce long délai est suffisant pour permettre à la société de revendre, encore une fois très vite, les biens en empochant une plus-value record de plus de 60 % ! Au total, par des acquisitions immédiatement suivies d'une revente, l'heureuse société a réalisé un bénéfice éclair de l'ordre de 2 500 000 F. La nature de cette liquidation est illustrée par une autre vente. Le

21 janvier 1994, sur proposition du liquidateur, le juge-commissaire autorise Me Corre à céder de « gré à gré » à une SARL deux fonds de commerce comprenant notamment un hôtel-restaurant trois étoiles de 64 chambres, pour un prix global de 104 500 F. Pourtant, deux jours plus tôt ces mêmes fonds ont fait l'objet d'une proposition de reprise à hauteur de 700 000 F, qui comprenait en outre le maintien de neuf contrats de travail. Le candidat repreneur avait même pris la précaution d'obtenir préalablement l'accord du propriétaire des murs. Ce dernier a dû flairer les possibilités de parvenir rapidement à une « bonne affaire » puisque c'est lui qui, en fin de compte, a pu acquérir les fonds de commerce auprès du mandataire, à près de sept fois moins que le prix offert ! Là encore, la logique du liquidateur est loin de rejoindre les intérêts des créanciers qu'il est pourtant chargé de défendre. En définitive, la célérité employée pour liquider le groupe a surtout permis d'organiser des opérations dignes d'une braderie. À la sortie, ce sont plus de 100 salariés qui se sont retrouvés au chômage. Le scandale ne s'arrêtera pas là. Le liquidateur a poursuivi ses opérations en lançant une procédure le 17 août 1995. Après avoir liquidé les actifs du groupe, il a fait rendre par le tribunal de commerce de Brest une décision surréaliste. Lui qui a contribué à creuser le trou entre le passif et l'actif, a obtenu des juges consulaires, le 19 septembre 1997, la condamnation de la Société générale au règlement de la totalité du passif, déclaré et définitivement admis, pour la somme de 138 982 183,44 F ! Avec en prime l'allocation d'une somme de 150 000 F supplémentaire pour couvrir « ses frais ». Or, la banque n'avait fait que soutenir financièrement le groupe et la faute qu'on lui reproche est loin d'être établie. Sur le terrain des griefs, le liquidateur est loin d'être sans reproches. Quand les bornes sont franchies, il n'y a vraiment plus de limite !

L'ensemble de ces opérations désastreuses se fait sur

le dos du dirigeant de la société liquidée. Ce dernier devra en supporter personnellement les conséquences, au moins par rapport aux cautions bancaires accordées pour les prêts utilisés à la construction des biens ainsi bradés. C'est inadmissible. Il ne faut pas oublier en effet que le groupe a été liquidé à cause d'une insuffisance d'actif pour faire face au passif exigible. Or, la liquidation à vil prix démontre que les raisons invoquées pour supprimer l'entreprise ne constituent qu'un prétexte. L'objectif consiste à faire de la société en difficulté un cadavre pour mieux le dépecer. Le comble est que le liquidateur touche des honoraires pour de telles pratiques. Le mandataire liquidateur de Brest a, depuis, trouvé refuge aux Antilles, archipel qui attire les gros revenus en quête de moyens de défiscalisation. Ce problème aurait été réglé grâce à une EURL (entreprise unipersonnelle à responsabilité limitée), domiciliée à Saint-Martin et dont il est le gérant. Pourtant la loi s'oppose à ce qu'un mandataire de justice puisse être à la tête d'une société commerciale. Ce point pose question, sauf, semble-t-il, au procureur local. Pour l'instant.

Aux quatre coins du pays, à l'exception de Nanterre qui vient de frapper un grand coup sur la justice consulaire de Bobigny, les parquets paraissent atteints de la maladie du sommeil. Certains, qui ont vainement tenté de sensibiliser leurs élus, y voient la marque d'une entente entre notables. D'autres pensent que les responsables politiques, bien qu'alertés mais restant totalement inertes, peuvent être de connivence. Ainsi, lorsque le repreneur est « coopté » avant même le jugement, l'intéressé renverrait l'ascenseur vers celui qui l'a soutenu auprès du tribunal de commerce ou du parquet. La « récompense » devant contribuer, bien entendu, à aider le parti. Il est vrai que le contenu d'une lettre, adressée le 15 février 1983 à Robert Badinter alors ministre de la Justice, par Edith Cresson, alors ministre de l'Agriculture, met la puce à l'oreille.

« Monsieur le Ministre et Cher Collègue,

« Je me permets d'appeler votre attention sur la situation de M. Bernard Munaux, avocat-syndic à Poitiers (Vienne). Ce dossier est actuellement instruit par M. Suquet, substitut à Poitiers. Ne peut-on, soit lui retirer le dossier, soit demander à ce que ce dernier soit transmis pour examen au ministère de la Justice. Il faut, de toute urgence, éviter que Me Munaux se trouve en difficulté car il s'agit de quelqu'un qui nous est acquis et qui nous aide beaucoup dans son métier. Vous remerciant par avance de l'intérêt que vous voudrez bien porter à cette affaire. [...] »

L'ancien ministre de l'Agriculture a probablement dû être satisfaite et le Parti socialiste rassuré, puisque Me Bernard Munaux est toujours inscrit sur la liste des mandataires judiciaires de la cour d'appel de Poitiers.

Parfois, les cadavres ressortent du placard. Les nombreuses victimes de Bernard Tapie durant les années 80 réapparaissent, ici ou là. Elles dénoncent avec force ce pseudo-sauveur d'entreprises qui en a coulé beaucoup plus qu'il ne prétend en avoir sauvé. La télévision suisse romande a d'ailleurs fait un excellent reportage sur le sujet en 1991, décrivant avec pédagogie le « système Tapie » et le chômage qu'il provoque. Aucune télévision française n'a cru devoir reprendre cette enquête qui aurait permis de démasquer plus tôt celui que François Mitterrand a nommé, en 1992, ministre de la République ! Ceux qu'il avait abusés peuvent aussi, non sans raison, s'en prendre au monde consulaire. On ne peut plus ignorer à présent que, sans l'aide de certains juges de tribunaux de commerce, Tapie ne serait jamais parvenu à ses fins. Tout cela appartient à l'histoire mais a fait des émules. Il y a d'autres Tapie en France qui se sont lancés dans ce genre d'affaires avec le même type de soutien. Par exemple, M. Gautier qui a bâti sa fortune grâce à son ami mandataire liquidateur briochin. On le retrouve dans des reprises, ou tentatives de reprises, ailleurs qu'en Bretagne. Comme cela apparaîtra par la suite, le cercle des abonnés s'élargit parfois à des personnalités connues dans le sport, à la manière Tapie. À croire que ce type de renommée serait en passe de devenir l'étape préliminaire pour mieux tromper ses futures victimes.

Un des grands arguments auquel se raccrochent certains représentants du milieu consulaire, pour tenter de justifier leur opposition à une réforme, consiste à réduire les dysfonctionnements à quelques « cas isolés » dans des « endroits particuliers ». « Comme dans toutes les professions », croient-ils devoir préciser. C'est une façon de voir. Il y en a une autre, qui se dégage de l'ensemble des dossiers que j'ai reçus, qui prouve que le mal est beaucoup plus étendu qu'on ne veut bien l'admettre. Les affaires connues sont multiples et se situent, sur différents registres, en des endroits diversifiés de l'Hexagone et même dans les départements d'outre-mer. Un tout petit échantillon, prélevé sur la masse des dossiers, permet d'apprécier la profondeur et l'étendue du fléau.

CHAPITRE 6

Boulogne-sur-Mer : vol au-dessus d'un banc de requins

Dans le courant de l'année 1994, la SA Adolphe Loisel, située à Le Portel dans le Pas-de-Calais, décide de se développer. L'objectif traduit le caractère entreprenant des dirigeants, en dépit de la crise économique. La société, spécialisée notamment dans la fumaison des produits de la mer, réalise un chiffre d'affaires de plus de 35 millions de francs avec un effectif de l'ordre de 35 personnes. Elle n'a pas peur d'envisager une éventuelle reprise de la société Gaston Seillier qui exerce la même activité à Boulogne-sur-Mer. Sur la base des comptes établis par un cabinet d'expertise-comptable et certifiés par un commissaire aux comptes, les actions de la seconde société passent entre les mains des actionnaires de la première. L'opération, conclue avec les garanties d'usage, a tout pour rassurer les dirigeants de la SA Loisel qui, avec la nouvelle entreprise, accroissent leurs effectifs de 40 salariés. Pas pour longtemps. Quelques mois plus tard, ils vont déchanter. Les anomalies constatées par un audit conduisent à découvrir un trou financier astucieusement maquillé dans les comptes présentés lors des négociations. L'expert-comptable et le commissaire aux comptes sont beaux joueurs. Leur démarche auprès de leurs compagnies d'assurances respectives laisse apparaître qu'ils reconnaissent implicitement le fait. Pourtant, les représentants de la société Loisel ne sont pas au bout de leurs surprises.

L'opacité des comptes les amène à demander une vérification auprès de l'administration fiscale. Les contrôleurs vont s'en donner à cœur joie. Les irrégularités qu'ils démasquent, à partir d'octobre 1995, sont pointées avec délectation. Certaines sortent des sentiers battus. Les actions qui auraient dû être détenues par la société Gaston Seillier sur la société Sopropêche avaient été attribuées au profit d'un de ses actionnaires, Mme veuve Gaston Seillier, décédée en 1994. Bien évidemment, les morts ne peuvent parler. Il en va autrement des vivants quand ils sont questionnés par le fisc. Les informations recueillies sont dignes d'intérêt. Tout d'abord concernant le dirigeant de Sopropêche : il a, dans un premier temps, été président du directoire avant d'être remplacé par son fils et prendre ensuite place comme membre du conseil de surveillance. Il s'agit d'un certain Philippe Derome. Ce n'est pas n'importe qui. Il est aussi, depuis le début de l'année 1996, président du tribunal de commerce de Boulogne-sur-Mer ! Nous y voilà. Difficile pour lui d'ignorer le micmac sur les actions Sopropêche de l'entreprise Gaston Seillier. Surtout quand les dividendes sont adressés à une personne physique au lieu d'une personne morale. En guise de réponse au fisc, les responsables de Sopropêche pensent s'en tirer en évoquant « une dérive dans la dénomination de l'actionnaire ». Elle se serait produite lors du décès de Gaston Seillier et de la prise en main des affaires par son épouse. Piètre écran de fumée puisque le mari était décédé quelques années avant la création de Sopropêche, tandis qu'un acte notarial fait ressortir que la veuve était intervenue ès qualités de gérante représentant l'entreprise Gaston Seillier. C'était donc bien cette société qui avait la propriété des actions de Sopropêche et non Mme Seillier. Quand le fisc intervient, c'est rarement pour des prunes. Un autre détournement de titres sur Sopropêche est également mis au jour. Ceux détenus au départ par la société Malfoy. Or, en 1993, cette dernière a fait l'objet d'une fusion-absorption au profit de l'entreprise Gaston Seillier. Dans les actifs de celle-ci auraient donc dû figurer les actions Sopropêche. On a beau chercher sur les registres d'actions et les comptes de la société concernée, il n'y en a aucune trace. Ce nouveau tour de passe-passe sur les titres résulte du rapport du commissaire à la fusion, en l'occurrence un certain René Cobert qui a oublié de créditer la société Gaston Seillier des actions Sopropêche. Signe particulier : c'est un ancien juge consulaire, président du tribunal de commerce de Boulogne-sur-Mer jusqu'en décembre 1995, avant d'être remplacé à ce poste par Philippe Derome, l'actionnaire de Sopropêche !

Les deux opérations portant sur l'escamotage des actions Sopropêche se sont traduites par un préjudice pour la société Gaston Seillier estimé à 1 500 000 F. Détournement d'actifs d'un côté, augmentation de nombreuses charges indues de l'autre : dans l'ignorance des actions carottées et des comptes trafiqués, la SA Loisel a vainement essayé de redresser la situation de la société reprise en 1994. En deux ans, elle y a injecté plus de 4 200 000 F. Au début 1996, sa trésorerie ne lui permet pas d'aller plus loin. Ayant compris qu'elle a été abusée, elle jette l'éponge et dépose le bilan de la société Gaston Seillier. À partir de là, la machine consulaire, avec à sa tête un des représentants de Sopropêche, extrêmement gênée par l'histoire des actions, va se mettre en branle pour tenter de résoudre le problème, devenu d'une certaine manière « personnel ». Philippe Derome, membre du conseil de surveillance de Sopropêche et donc directement concerné par le sort de l'entreprise Gaston Seillier, se désigne lui-même pour participer à la composition du tribunal de commerce aux fins d'exécuter ladite société. La liquidation judiciaire sera prononcée le 1er mars 1996. C'est encore ce même président-actionnaire de Sopropêche qui, le 24 avril suivant, prend une autre initiative. Il nomme René Cobert — celui qui avait passé sous silence une partie des actions Sopropêche — comme mandataire *ad hoc* de la SA Loisel. Celle-ci connaît, en effet, des difficultés financières en raison du tour de passe-passe dont elle a été victime. C'est la même personne qui, le 10 mai 1996, proposera aux dirigeants de la SA Loisel les avantages d'une procédure dite de « règlement amiable » confiée, comme par hasard, à l'incontournable René Cobert. On commence à voir venir les choses. En guise de conciliation, la SA Loisel est surtout confrontée à un mouvement contraire. Celui du désengagement précipité de la plupart de ses partenaires bancaires. C'est notamment le cas de la BNP, dont il faut ajouter, à titre d'éclaircissement, qu'elle est aussi liée à une société holding constituée en 1987, détenant 51 % du capital de Sopropêche. Le résultat escompté par ces grandes manœuvres ne se fera pas attendre. Alors qu'il dispose d'un délai de quatre mois maximum pour exécuter sa mission, l'ex-président du tribunal de commerce prétend, en moins de deux mois, être dans l'obligation de déposer entre les mains du nouveau président un rapport, dont les conclusions condamnent la SA Loisel. Bien qu'aucune réunion n'ait rassemblé les créanciers et la SA Loisel, celui qui était chargé du règlement amiable conclut à... l'état de cessation de paiement.

La SA Loisel se bat comme elle peut pour tenter de s'extraire du redressement judiciaire. Elle n'y parviendra pas. Les robes noires du tribunal de commerce seront les plus fortes. C'est Philippe Derome qui ouvre le feu en s'impliquant dans les audiences préliminaires. L'affaire étant suffisamment bien engagée, il pourra se permettre de ne pas présider l'audience du 15 novembre 1996, qui prononce le redressement de la SA Loisel. Il n'en veille pas moins au grain, puisque c'est lui qui se fait nommer juge-commissaire, tandis qu'un des juges consulaires qui a participé à l'ouverture de la procédure collective devient son adjoint. Le dossier est cadenassé. Il est vrai que le tribunal de commerce de Boulogne-sur-Mer a de quoi protéger ses arrières. Quatre représentants d'un groupe dont Sopropêche est filiale sont juges consulaires. De surcroît, l'ancien président René Cobert n'en était pas à sa première intervention pour des opérations de fusion-absorption au profit du même groupe.

L'opération menée contre la SA Loisel s'est enclenchée dès que ses dirigeants ont eu la prétention de demander réparation pour le barbotage des actions Sopropêche. Victime, la première fois, d'une escroquerie lors de la reprise de l'entreprise Gaston Seillier, elle le sera, une seconde fois, à la suite d'un sabotage savamment préparé. Tout cela n'a évidemment rien à voir avec la sauvegarde des emplois des sociétés Gaston Seillier et Loisel qui aurait dû préoccuper la juridiction consulaire. Ce sont les intérêts du groupe dont Sopropêche est filiale qui passent avant tout. Autrement dit, ceux qui concernent aussi certains membres du tribunal de commerce. L'impudence des robes noires a connu ses limites dès que les tenants et aboutissants de l'affaire Gaston Seillier-Loisel ont été portés hors de l'enceinte consulaire. Des articles dans *La Voix du Nord*, en décembre 1996, et dans *Le Point*, en mai 1997, coïncident étrangement avec la démarche du président du tribunal de commerce de Boulogne-sur-Mer pour se faire dessaisir des dossiers des deux sociétés. C'est le tribunal de grande instance de Béthune, statuant en matière commerciale, qui a été désigné le 1er juillet 1997 par la cour d'appel de Douai. Pour motiver leur décision, les juges ont estimé que « les intérêts en présence justifient le renvoi des procédures devant une autre juridiction ».

C'est le moins que l'on pouvait dire. Tout porte à croire que seule la peur du scandale a provoqué la volte-face du tribunal de commerce. En fin de compte, la mise en redressement judiciaire de la SA Loisel s'apparente assez clairement à une mesure de rétorsion prise à l'encontre de ses dirigeants. Cette affaire, dans laquelle certains magistrats consulaires sont intervenus en tant que juges et parties, tourne manifestement autour de la subtilisation des actions Sopropêche que l'on voulait étouffer. Lamentable ! Interviewé par l'hebdomadaire *Le Point*, Philippe Derome, président du tribunal de commerce, cherche à minimiser les faits. Pour lui, « le manque à gagner de M. Loisel n'explique nullement la gravité de la situation économique de son affaire ». C'est une façon de voir. Par ces déclarations, il effectue tout de même un premier pas en reconnaissant le préjudice d'une société privée. Il lui reste à en faire d'autres, notamment face à un juge d'instruction de Bobigny saisi d'une plainte avec constitution de partie civile, datée du 22 septembre 1997, dirigée à son encontre. Que la justice s'active ou non sur ce dossier, il n'en restera pas moins qu'aujourd'hui des dizaines d'emplois ont disparu et plus d'une trentaine restent sérieusement menacés.

CHAPITRE 7

Nanterre : la combine manque de finesse

Point n'est besoin d'être un groupe de dimension internationale pour mériter les attentions des administrateurs judiciaires nanterrois. En fait, la liquidation systématique de petites entités obéit à un objectif de rentabilité, pour le profit des prédateurs d'entreprises en difficulté et bien évidemment à mille lieues des fondements de la loi de 1985. C'est l'idée qui m'anime, au mois de mars 1997, en écoutant Françoise Christensen venue dans mon bureau accompagnée de son mari. Il fait déjà chaud à cette époque à Marseille, et pourtant le récit de cette femme, qui passe sans transition de la colère au découragement, a quelque chose de glaçant. Régulièrement, son époux pose la main sur son bras dans un geste d'apaisement, comme pour tenter de réguler le flot chaotique du discours. En vain. Je comprends vite que l'homme a de bonnes raisons de vouloir calmer celle dont la santé est devenue fragile, mais il ne peut l'empêcher de se départir de son calme ni de continuer à se battre. Après l'avoir écoutée, je la prie de me laisser l'épais dossier qu'elle manipulait fébrilement au cours de l'entretien. Il importe avant tout de vérifier la situation. Au fur et à mesure que je passe en revue les pièces, j'acquiers la conviction que les réactions de mon interlocutrice sont justifiées.

En 1991, elle s'est lancée, à titre personnel, dans l'exploitation d'un centre de formation professionnelle sous l'enseigne CFAS. Il s'agit d'une petite structure qui forme 150 stagiaires par mois et fait vivre 16 salariés. Elle travaille pour le compte de grandes entreprises privées, au titre de conventions conclues avec des institutions telles l'ANPE ou les Assedic, et les collectivités territoriales comme les Conseils généraux. Le CFAS tourne plutôt bien puisqu'au titre de l'exercice 1992, son chiffre d'affaires s'élève à près de 6 millions de francs. Toutefois, rapidement, Françoise Christensen est aux prises avec des difficultés. Elles ne sont pas d'ordre financier mais cardiaque. Son cas est assez sérieux pour qu'elle se décide à entamer des pourparlers avec différents repreneurs. Elle n'aura pas la possibilité d'aller jusqu'au bout. Sa maladie l'oblige, dans un premier temps, à stopper ses activités puis, ensuite, à les restreindre considérablement. Le 9 octobre 1992, l'Urssaf, qui ne se préoccupe que de l'état de ses créances, l'assigne en paiement de cotisations en retard. C'est donc à l'encontre d'une personne physiquement affaiblie que le tribunal de commerce de Nanterre ouvre, le 20 janvier suivant, une procédure de redressement judiciaire simplifiée. Me Didier Segard est désigné en qualité d'administrateur judiciaire. La machine consulaire est désormais enclenchée, plus rien ne l'arrêtera.

Le 22 avril 1993, le tribunal de commerce de Nanterre décide de prolonger la période d'observation du CFAS, pour une durée de trois mois, « dans l'attente de l'élaboration d'un plan par voie de cession ». Treize jours seulement après, le 5 mai, le CFAS est vendu. Le prix proposé par Me Segard est retenu. Il est loin de couvrir le passif, établi définitivement en décembre 1994. Depuis, Françoise Christensen paie et voit son patrimoine fondre progressivement pour rembourser ses créanciers. C'est le sort réservé à ceux qui ont œuvré dans le cadre d'une entreprise individuelle. Le dirigeant est responsable du passif et en répond sur ses biens personnels. Normal, direz-vous ? Pas tout à fait. Car les circonstances de la cession de l'activité de Françoise Christensen sont loin d'être irréprochables.

Le 31 décembre 1992, les actifs du CFAS ont été estimés, au cours de la procédure, à 4 millions de francs. Or, la cession s'est réalisée dans des conditions de rapidité telles que tous les repreneurs potentiels n'ont même pas eu le temps de faire leurs offres dans des conditions normales. Ainsi, les salariés qui souhaitaient racheter l'entreprise et qui avaient réuni à cet effet 1 050 000 F n'ont pas eu les moyens de mettre en place leur proposition. À défaut de pouvoir bénéficier de délais raisonnables, ils ont été gratifiés d'une démarche singulière. Le 3 mai, le juge-commissaire et le collaborateur de l'administrateur judiciaire Me Segard se rendent au CFAS pour les dissuader de reprendre l'affaire, se permettant même d'assombrir le tableau en dénigrant la gestion de la dirigeante. Il est possible de penser que Me Segard a, dans l'intérêt des créanciers, une meilleure offre en cours. Il est, en effet, en pourparlers avec deux autres repreneurs éventuels : d'une part, une association spécialisée dans le domaine de la formation et, d'autre part, trois particuliers, MM. Moreau, Delmas et Eskenazi. Pour la cession des actifs du CFAS, l'association place son offre à hauteur de 1 600 000 F, tandis que celle du trio se limite à 350 000 F, soit presque cinq fois moins. Contre toute attente, c'est pourtant la dernière offre que vont retenir le mandataire de justice et le juge-commissaire. La nature de l'intervention auprès des salariés, la rapidité avec laquelle a été organisée la cession ainsi que le rejet des offres les plus importantes constituent souvent, dans ce type de dossier, les ingrédients de la combine. Celle-ci manque de finesse, ce qui en dit long sur le sentiment de sérénité qui animait ses différents acteurs.

En effet, si cette procédure décidée par le tribunal de commerce de Nanterre avait été régulièrement suivie par le juge-commissaire, ce dernier se serait vite aperçu que le dossier de l'offre de reprise de MM. Moreau, Delmas et Eskenazi, présenté par Me Segard, était manifestement suspect. La triplette donne les coordonnées d'une société qui n'a jamais été immatriculée et leurs *curriculum vitae*, destinés à prouver leur expérience d'enseignants, sont à l'évidence « arrangés ». Plus grave encore, au moment de la reprise MM. Delmas et Moreau sont à la tête de deux entreprises en liquidation judiciaire — dont l'une accuse un passif de plus de 280 millions de francs ! — dont, en outre, ils sont personnellement cautions. En conséquence, le tri entre les trois hommes et les autres repreneurs n'aurait dû poser aucun problème.

En fait, il apparaît que M. Eskenazi a utilisé les services de ses deux comparses pour faire accepter son dossier par le mandataire de justice. Ils ont été aidés par un intermédiaire qui a facturé sa « prestation » sous un libellé cousu de fil blanc : « présence auprès du mandataire et du contrôleur de gestion ». Au prix de 150 000 F. Presque la moitié du montant offert pour le rachat des actifs ! Ces pratiques sont très déplaisantes lorsqu'on est créancier ou débiteur comme Françoise Christensen. Elles ne peuvent que faire le bonheur des prédateurs de l'entreprise puisque, dès 1994, le chiffre d'affaires réalisé s'élevait à plus de 6 millions de francs. Comme il faut bien que les créanciers soient réglés par quelqu'un, Me Segard continue de facturer les opérations de liquidation sur le patrimoine de Mme Christensen. Au passage, il a facturé ses premières interventions pour près de 90 000 F. C'est ce même auxiliaire de justice qui, parlant de débiteurs comme Françoise Christensen, se permettait de déclarer à l'hebdomadaire *Le Revenu français*, en décembre 1996 : « C'est beaucoup plus facile de dire que l'on est tombé entre les mains d'un mandataire peu scrupuleux plutôt que de reconnaître que l'on s'est trompé. »

Au-delà de la réaction outrée que suscite cette opération, qui légitime une plainte pénale en cours de constitution, il n'en demeure pas moins que, d'après les centaines de dossiers examinés, ce genre de procédé est malheureusement répandu dans de nombreux tribunaux de commerce. Des équipes d'aigrefins, parfaitement structurées pour ce type d'opération, ne cessent de s'enrichir de manière scandaleuse. À l'affût des petits profits comme des plus grands, leurs agissements demeurent impunis.

CHAPITRE 8

Bobigny :
la dispute des voleurs révèle le vol

Contrairement à d'autres affaires, celle-ci prend ses racines à l'intérieur d'un des plus importants tribunaux de commerce du pays, celui de Bobigny. L'un des premiers en volume d'affaires commerciales traitées, dans le ressort duquel on compte près de 45 000 entreprises industrielles, commerciales et artisanales. Les initiés n'ignorent pas que de nombreuses sociétés n'hésitent pas à rapatrier leur siège dans le département de Seine-Saint-Denis, pour dépendre du tribunal de commerce de Bobigny et ainsi bénéficier de certains « arrangements ». Dans cette juridiction, on sait aussi qu'en tombant la veste, l'armée consulaire de Bobigny parvient à rendre « 110 jugements à l'heure » ! En décomptant les jours non ouvrables et fériés, ils arriveraient donc à traiter plus de 7 000 dossiers par an ! Une authentique mine d'or ! Cela laisse imaginer les sommes en jeu et explique, au sein de clans constitués, des luttes d'intérêt sans pitié. C'est ainsi qu'une dénonciation anonyme, probablement à la suite d'un « partage de butin » déséquilibré, a enfin conduit le procureur de la République à percer l'opacité d'une combine dans le cadre d'une procédure collective, dont d'aucuns considèrent qu'elle se pratique de façon continue.

Le groupe Jules Zell, basé à Livry-Gargan, est assurément l'une des principales entreprises du département de Seine-Saint-Denis. Il a été créé au début du siècle, sous la forme d'un établissement transformé en société anonyme en 1925 et devient rapidement, après guerre, le leader français en matière de plomberie et de couverture. Racheté en 1968, le groupe se développe en diversifiant ses activités pour atteindre, sur l'ensemble des sociétés qui le composent, un chiffre d'affaires de plus de 500 millions de francs et 1 000 salariés. Les ennuis commencent en 1990 avec une baisse d'activité et des pertes importantes. La situation financière continue à se dégrader en 1991, si bien que le PDG fait appel, en avril, au concours d'un collaborateur d'administrateurs judiciaires. Le dirigeant doit réduire son effectif pour espérer conserver la rentabilité de la structure et il n'a pas les moyens de licencier. Il se retourne vers la juridiction consulaire pour tenter de trouver une solution. Le 6 mai 1991, le bilan est déposé. Le lendemain, les robes noires du tribunal de commerce de Bobigny, dirigé par Pierre Bourdon, s'agitent pour conclure aussitôt à la nécessité d'ouvrir une procédure de redressement judiciaire qui va vite s'orienter, non pas vers une continuation mais vers une cession. Tant pis pour les 200 employés qui seront, au bout de cette opération, licenciés.

La chambre consulaire qui a pris la décision de placer en redressement judiciaire le groupe Zell est présidée par René Touzet, lequel a pour premier assesseur M. Bernard Beretski. Ces magistrats nomment comme administrateur judiciaire Me Dominique Schmitt et en tant que représentant des créanciers Me Jacques Moyrand. L'équipe est au complet avec la désignation de René Touzet comme juge-commissaire. Ce dernier, juge consulaire depuis 1982, est réputé pour sa grande expérience. On peut donc penser qu'en s'autodésignant, le président de chambre a été animé du souci de mieux contrôler le déroulement des opérations.

Le 12 juillet 1991, un homme d'affaires influent, Bernard Tardy, présente à l'administrateur une offre de reprise globale du groupe Zell, avec « faculté de substitution ». Autrement dit, Bernard Tardy sera par la suite libre de céder à une personne physique ou morale les actifs repris. Une semaine plus tard, le plan de redressement de Me Schmitt est déposé, prévoyant une cession en faveur de l'offre Tardy que l'on fait un peu mousser en mettant en avant le montant du prix et la sauvegarde des emplois. Alors que le chiffre d'affaires du groupe Zell frise le demi-milliard de francs et qu'il existe d'importants actifs immobiliers — expertisés il est vrai, curieusement, à la baisse —, le prix de l'offre Tardy est affiché à hauteur de 16 millions de francs, dont la moitié assujettie à la réussite globale du plan de redressement. Ce qui revient à dire que 8 millions feront l'objet d'un règlement improbable. Le 23 juillet 1991, cette proposition est acceptée sans problème, avec effet au 1er août suivant. La chambre est toujours présidée par René Touzet, mais Bernard Beretski ne siège plus à ses côtés. Me Schmitt est promu commissaire à l'exécution du plan. L'offre Tardy ne comprend pas le département électricité du groupe Zell. Celui-ci fera l'objet d'une reprise proposée par la société Martet-Mercier implantée en Indre-et-Loire. Cette deuxième cession, ayant les faveurs de Me Schmitt, sera accordée par le juge-commissaire par simple ordonnance. Le prix arrêté, 170 650 F, est, du point de vue de personnes avisées, « purement symbolique ». C'est encore une excellente affaire, réalisée sur le dos d'une entreprise en difficulté. Le bénéficiaire prend possession de son bien grâce à la célérité de Me Schmitt, dès le 25 septembre 1991.

Vu de l'extérieur, le groupe Zell semble avoir été bradé, sans qu'on ait pris le temps de vérifier si le dépeçage constituait la meilleure solution. Les délais étaient manifestement trop courts pour espérer des offres avantageuses. Tant pis pour les créanciers qui en sont pour près de 200 millions de francs. À défaut de réactions du dirigeant de Zell, mais aussi du représentant des créanciers, et sauf à mettre d'autorité son nez dans le dossier de l'administrateur et du juge-commissaire, il est difficile d'invoquer des malversations. La justice pénale ne peut être actionnée à partir de simples impressions. Il lui faut des informations convaincantes. Apparemment, le parquet sera mis sur la voie grâce à une providentielle dénonciation anonyme qui permettra de comprendre beaucoup de choses et de faire le lien entre anomalies et magouilles.

En effet, le juge consulaire Beretski, premier assesseur du président de chambre Touzet, n'est pas n'importe qui. C'est un homme d'affaires important dans le milieu de l'industrie et de la finance ; il est même à la tête d'une banque, la Compagnie financière de la Muette. Il connaît bien le groupe Zell avec lequel ses sociétés ont des chantiers et qui, sur le marché, représente son principal concurrent. Le jour de l'audience du 7 mai 1991, en prenant part à la décision plaçant le groupe Zell en redressement judiciaire, il est difficile de dire que Bernard Beretski n'est pas juge et partie. C'est donc une première faute. C'est encore lui qui s'est empressé d'alerter le PDG de la société Martet-Mercier qui a ainsi pu bénéficier d'une reprise avec l'accord de Me Schmitt et sur ordonnance de René Touzet, dans des conditions inespérées. Le problème pour le juge Beretski est sa qualité d'administrateur de ladite société dont il contrôle, directement ou indirectement, la majorité des actions. Deuxième faute. S'agirait-il d'une tentation à laquelle il n'a pas su résister ? Cela n'excuserait pas pour autant le manquement à ses obligations de magistrat, mais cela rassurerait sur la portée de la dérive et réduirait celle-ci à un cas isolé, qui n'impliquerait pas la juridiction consulaire. En effet, il aurait suffi à l'administrateur, au représentant des créanciers et surtout au juge-commissaire de sortir un K bis [1] de la société Martet-Mercier, pour s'apercevoir que parmi ses administrateurs figure, en bonne place, Bernard Beretski. La réponse à la question posée est à chercher dans la reprise acceptée au bénéfice de Bernard Tardy. N'y a-t-il pas du Beretski là aussi ? Eh bien oui ! Le juge consulaire était également de mèche avec celui qui a raflé la grosse part dans la cession du groupe Zell. La fameuse clause portant sur la « faculté de substitution » avait été introduite en sa faveur. Le magistrat n'a d'ailleurs pas perdu de temps pour la faire jouer. Dès le 1er août 1991, c'est-à-dire à la date où la prétendue reprise de Bernard Tardy prend effet, il abat son jeu devant le personnel du groupe Zell. Il n'a d'ailleurs pas caché, à cette occasion, qu'il agissait au nom de la nouvelle société SA Zell. Or, dans celle-ci le capital est intégralement contrôlé par son ami, Bernard Tardy, et par lui-même. Troisième faute. Le juge consulaire a donc agi masqué, jusqu'à ce que la reprise soit effective et ensuite, étrangement, à découvert. Cette démarche surprend. On devine qu'il est assez sûr de lui. On peut penser qu'au moment du règlement du prix de la cession à Me Schmitt il aura été plus prudent, qu'il se sera au moins abstenu de payer sur ses deniers personnels tout ou partie des actifs acquis. Dans le cas contraire, les traces laissées ne pourront plus être ignorées, ni par le juge-commissaire, ni par le représentant des créanciers et encore moins par l'administrateur. Cela signifierait que la situation particulière du juge Beretski est connue de tous, qu'elle a été tue par chacun et traduirait une parfaite entente pour ce genre d'opération dans l'un des plus importants tribunaux de commerce de France. La crédibilité de l'institution consulaire, la sincérité du bénévolat de ses juges, le

1. Extrait du registre du commerce et des sociétés.

sérieux du tribunal qui a en charge une partie non négligeable de la régulation économique et sociale du pays, dépendent donc des dernières trouvailles.

La réalité ? Le 29 août 1991, Bernard Beretski a émis sur son compte personnel un chèque de 2 720 000 F, à l'ordre de Me Schmitt. Ce chèque sera ensuite déposé en banque accompagné d'un bordereau portant une mention sans équivoque : « Jules Zell de M. Beretski. » Quatrième faute, et d'une taille très révélatrice cette fois. La connivence autour de Bernard Beretski est donc totale et, en conséquence, comme cela sera dit par la suite, l'intervention de ce dernier dans la reprise du groupe Zell tenait du secret de polichinelle. À commencer par l'administrateur Me Schmitt qui a soutenu les deux offres de cession en toute connaissance de cause et a, ainsi, facilité la réalisation des opérations. De même pour le juge-commissaire Touzet qui, dès le début, disposait de nombreux éléments pour empêcher cette captation d'entreprise par l'un des membres du tribunal. Sans oublier le chef de la juridiction consulaire de Bobigny, Pierre Bourdon qui, consulté par Beretski, et en dépit des devoirs que lui imposait sa haute fonction, lui a donné le feu vert, dans son bureau et devant témoins, c'est-à-dire sans complexe ! Devant René Touzet, Me Schmitt et le représentant des créanciers, Me Moyrand.

Toute l'équipe fera l'objet d'une mise en examen et, après une longue instruction judiciaire, sera renvoyée, à l'exception de Me Moyrand, devant le tribunal correctionnel de Bobigny. L'audience se tient à la fin du mois de janvier 1996. Le 12 mars suivant, les magistrats professionnels rendent leur verdict : le juge Beretski, Me Schmitt et le président Bourdon ont chacun écopé de deux ans de prison, totalement assortis du sursis. La différence s'est faite sur le registre de la durée de la privation de tous les droits — civiques, civils et de famille —

arrêtée à cinq ans pour le premier et trois ans pour les deux autres. L'amende délictuelle a été un autre moyen de les départager. Bernard Beretski devra entamer sa grosse fortune pour payer 1 million de francs, Me Schmitt 300 000 F et Pierre Bourdon 100 000 F. Le juge-commissaire verra sa peine de prison tomber à quinze mois avec sursis et la peine accessoire réduite à deux ans de privation des droits. Le 24 septembre 1997, ces sanctions sont confirmées en appel. Elles font aujourd'hui l'objet d'un pourvoi en cassation.

Un événement, intervenu dans la période d'instruction judiciaire du dossier, prend, dans ce contexte, un tour particulier. Le 20 novembre 1993, une partie de chasse est organisée par l'expert des actifs dudit groupe, repris en grande partie par le juge Beretski dans des conditions maintenant connues. Parmi les invités à ce divertissement, en pleine forêt de Vendat dans l'Allier, figurent un inspecteur général des services judiciaires et un ex-président du tribunal de commerce de Bobigny, devenu membre influent du cabinet du ministre de la Justice de l'époque, Pierre Méhaignerie. Comme par hasard, sont également présents les mandataires de justice impliqués dans l'affaire Zell. Or, ceux-ci font l'objet d'un contrôle judiciaire leur interdisant notamment de communiquer avec toutes les personnes mises en cause dans la procédure. Autrement dit entre eux. Celui qui paraît avoir vendu la mèche à la justice, le garde-chasse, sera mystérieusement abattu d'un coup de fusil en pleine tête dans cette même forêt. Il devait être réentendu par le juge, quelque temps après que l'un des mandataires de justice eut été envoyé en prison pour infraction au contrôle judiciaire.

Cette histoire est assurément troublante, tout comme le sont les moyens utilisés dans d'autres dossiers du tribunal de commerce de Bobigny. Il s'agit par exemple des conditions dans lesquelles un drugstore du Raincy a changé de mains, après une liquidation franchement scandaleuse, fondée sur une autre authentique cabale organisée par l'institution consulaire et un auxiliaire de justice. Autant dire qu'en dehors du dossier de la cession des actifs du groupe Zell, il y en a évidemment beaucoup d'autres qui plongent dans la plus extrême perplexité.

La loi de 1985 est un échec incontestable. Elle a été complètement détournée de ses objectifs. Les pratiques en cours relèvent des trois principes qui caractérisent les systèmes mafieux : l'illégalité, l'argent et la loi du silence.

CHAPITRE 9

Bagneux : il évite la gueule du loup mais tombe dans le panneau

Le jour où Renaud Le Youdec est entré dans le cabinet de l'avocat parisien Marcel Feldman pour tenter de trouver une solution au problème que lui causait sa société, il aurait mieux fait de se casser une jambe. C'est plus douloureux mais cela se soigne rapidement et, après, on n'y pense plus. En revanche, depuis qu'il a rencontré ce conseil, en janvier 1993, il a mis le doigt dans un engrenage dont il n'est pas encore sorti. Ses soucis débutent avec l'acquisition, en avril 1989, de la SA Housse Avia, située à Bagneux dans les Hauts-de-Seine. Comme son nom le laisse supposer, l'entreprise fabrique des housses pour véhicules et emploie plus de 80 personnes. En 1990, les comptes ne sont guère rassurants. Face à un chiffre d'affaires de 70 millions de francs, les pertes s'élèvent à 12 millions. Sur les années 1991 puis 1992, les résultats n'ont pas de quoi rendre Renaud Le Youdec optimiste. Il faut se résoudre à envisager le dépôt de bilan. Le passage à l'acte reste difficile surtout si la gestion n'a pas été d'une grande rigueur et peut engendrer de ce fait une sanction à l'égard du dirigeant. En tout cas, le PDG de Housse Avia n'a vraiment pas l'intention de se précipiter tête baissée dans la gueule du loup. Il prend donc le soin de consulter Me Feldman.

Celui-ci semble connaître la musique et ne perd pas

son temps en préliminaires. Renaud Le Youdec comprend qu'il faut prévoir une enveloppe de 500 000 F en préalable à une rencontre avec l'administrateur judiciaire Me Didier Segard de Nanterre. L'idée du contact entre le dirigeant de Housse Avia, l'avocat et Me Segard reste sans suite, du fait de la désignation d'un autre administrateur de Nanterre, Me Jean-Pierre Adam. C'est en effet ce deuxième mandataire de justice qui, le 15 avril 1993, est nommé par le tribunal de commerce de Nanterre comme administrateur du redressement judiciaire de la société Housse Avia. La déclaration de cessation des paiements date, elle, du 6 avril précédent. Le passif déclaré s'élève à 36,2 millions de francs mais Me Feldman reste confiant. Il connaît personnellement, outre Me Segard, Me Adam et la désignation de celui-ci a, selon lui, un caractère « bon pour [les] affaires ».

Tout de suite après est programmée une séance, dite de travail, au cours de laquelle l'avocat renouvelle la demande d'enveloppe à hauteur de 500 000 F, pour régler Me Adam mais aussi d'autres personnes intervenant dans la procédure ! C'est apparemment, selon les propos retenus, le « tarif » pour que la période d'observation, dans le cadre du redressement judiciaire, soit portée au maximum d'un an. Dans l'intervalle peut être découvert un repreneur. La « taxe » doit paraître trop élevée au dirigeant d'une société en graves difficultés financières puisqu'il parvient à faire baisser son montant de moitié. Son côté commerçant a, malgré le contexte délicat, pris le dessus. D'autant qu'il va être dans l'obligation de vendre une partie des stocks de marchandises, sans facture, pour satisfaire ce « droit de passage ». C'est donc avec grand plaisir qu'il apprend de l'avocat, à qui il a discrètement remis des sommes sous enveloppes, que le tribunal a prolongé la période d'observation et qu'il bénéficie d'un traitement de faveur. Il n'est pas pour autant sorti de l'auberge. Il lui faut maintenant trouver un repreneur sérieux. Or, il en a un sous la main, au travers de la société hollandaise Peppers. Reçus, durant l'été 1993, par Me Feldman, les dirigeants de cette dernière se voient confrontés à la même demande d'enveloppe, toujours de 500 000 F ! Cette fois, pour que l'administrateur judiciaire écarte tout repreneur concurrent. Au cas où ils n'auraient pas bien compris la manière dont cela se passe dans notre pays, il leur est expliqué qu'« en France, il est important d'avoir un syndic dans sa poche ». À cet entretien confidentiel dirigé par le membre du barreau, participe le dirigeant de la SA Housse Avia, qui, lui, a déjà donné. Il reçoit cependant de son avocat une chose à laquelle il ne s'attendait pas. Trois fois rien, juste le numéro de téléphone de Me Adam sur son lieu de vacances. À ne déranger que pour le prévenir du versement de la somme !

Les Néerlandais veulent bien payer pour reprendre les actifs de la société Housse Avia mais ne sont pas d'accord pour arroser l'administrateur, comme le leur demande l'avocat. Leur proposition de reprise tient la route et cela doit normalement suffire. Parallèlement, Renaud Le Youdec décide de se priver des services de l'avocat-récolteur de fonds, qui, en retour, aura reçu près de 120 000 F présentés comme des « honoraires » mais réglés par l'administrateur judiciaire, probablement en guise de remerciement. Les jeux sont faits, rien ne va plus. Le 12 octobre 1993, le tribunal de commerce de Nanterre arrête la cession des actifs de la SA Housse Avia, non pas au profit de la société Peppers mais de celui d'une autre entreprise, la société ECA. L'offre des Hollandais récalcitrants, pourtant jugée par un expert mieux disante au regard de la reprise des 57 contrats de travail au lieu des 40 retenus, a été écartée par Me Adam. Mieux encore, les stocks ont été présentés comme repris à 3,8 millions de francs alors qu'en réalité, ils ont été cédés à 2,4 millions.

L'avocat, le dirigeant de la société Housse Avia et l'administrateur judiciaire sont renvoyés pour corruption, le 22 janvier 1997, devant le tribunal correctionnel de Nanterre, après une instruction judiciaire bouclée fin juillet 1996. L'affaire a été signalée par le service de la prévention de la corruption en mars 1994. La position des prévenus consistera, en dépit de divers témoignages concordants, à tout nier en bloc ou à minimiser les choses. Les éléments du délit sont mis en évidence dans un réquisitoire assez circonstancié. Le tribunal préfère n'y voir que des faits d'escroquerie. Il retient que les sommes ont été remises à Me Feldman sur la base de la mise en scène qu'il a organisée pour faire croire à la corruption de l'administrateur. Considérant la « gravité des faits, eu égard notamment à sa qualité d'auxiliaire de justice », les juges ont infligé à l'avocat, le 26 février 1997, une peine de deux ans de prison totalement assortie du sursis, une amende de 100 000 F et trois ans de privation de tous les droits. Me Adam est relaxé en même temps que Renaud Le Youdec. La satisfaction de ces deux-là sera de courte durée. L'appel de Me Feldman a été suivi par celui du parquet, visant les trois acteurs. Les 17 salariés, qui n'ont pas été repris par la société préférée par Me Adam dans des conditions assez suspectes, sont, eux, allés pointer au chômage.

CHAPITRE 10

Colmar : l'entourloupe est bien montée

À moins d'être tombés sur la tête, ceux qui favorisent des cessions à vil prix, ne le font jamais par simple sympathie à l'égard des bénéficiaires. En réalité, tout est organisé pour écarter les offres concurrentes sérieuses et toucher ainsi la petite ou parfois la grosse « enveloppe ». Le plus souvent en espèces, c'est simple et surtout cela ne laisse pas de trace. Dans l'histoire qui suit, les choses se compliquent : le prix de la cession est organisé dans des conditions qui relèvent dès de le départ de l'arnaque envers le repreneur. Ces faits concernent l'entreprise Arbois à Volgelsheim, petite commune située en bordure du Rhin à dix-sept kilomètres au sud-est de Colmar. Au début des années 1990, cette société, spécialisée dans le négoce et l'industrie du bois, dirigée par Pascal Rinder, président, et François Domec, directeur général, connaît des difficultés financières. L'expert-comptable parisien appelé à son chevet conseille le dépôt de bilan.

Le processus habituel démarre et, le 5 mars 1991, le tribunal de grande instance de Colmar, statuant en matière commerciale, place la SA Arbois en redressement judiciaire. La date limite des offres de reprise est fixée au 5 avril, soit trente jours après l'ouverture de la procédure collective. Entre ces deux dates, les événements vont sérieusement se précipiter. Autant passer derrière la façade pour savoir ce qui se trame. Après avoir consulté la société malade, l'expert-comptable s'est aussitôt empressé d'alerter un auxiliaire de justice vis-à-vis duquel il remplissait le rôle d'apporteur d'affaires. Celui-ci, Me Jean-Pierre Adam, à une double casquette : mandataire de justice à Nanterre et conseil d'entreprise à des heures que l'on suppose creuses. Un mélange du genre qui a tout pour être explosif, si l'on tient compte des impressionnantes dérives que connaît la première profession. Les tuyaux que fournit l'expert-comptable à Me Adam ne sont pas percés. Ainsi, le mandataire-conseil sait que les dirigeants d'Arbois sont dans la crainte de retombées pénales suite aux conditions de leur gestion. Il apprend aussi qu'un client suisse de la société en redressement, Roger Graf, est intéressé par la reprise. Celui-ci avait déjà envisagé de s'en porter acquéreur, avant le dépôt de bilan mais le prix affiché, à l'époque, par ses dirigeants, 17 millions de francs, l'avait dissuadé. Une aubaine pour Me Adam qui, dès lors, peut imaginer une intervention à double volet : devenir le conseil du Suisse, pour lui faire racheter la société et tenter ainsi de sortir du pétrin ses dirigeants. Me Adam ne perd pas son temps. Dès le 7 mars 1991, soit deux jours après la mise en redressement judiciaire, il se rend en Alsace pour y rencontrer les dirigeants de la société Arbois et Roger Graf. L'opération mise en confiance marche à fond : Roger Graf est ainsi convaincu que le mandataire-conseil de Nanterre connaît l'administrateur judiciaire alsacien, qu'il n'aura aucun mal à être mis au parfum sur l'offre concurrente la plus basse, au dernier moment, de sorte à renchérir ce qu'il faut pour emporter la cession. Le programme ainsi présenté ne pouvait que conforter le repreneur. Il va enfin satisfaire son rêve dans des conditions certes contestables, mais assurément très avantageuses. C'est du moins ce qu'il croit. D'ailleurs, pourquoi un Helvète se poserait-il des problèmes de conscience en France, quand il peut réaliser ce type d'affaires, grâce à des « hommes de loi » français ? Lors de la conclusion de ce marché, il sera également question de la rémunération du mandataire-conseil, qui, d'après ce que laisse entendre ce dernier, englobera celle de l'expert-comptable et de l'administrateur judiciaire. Ce dernier, toujours d'après les informations rapportées à Pascal Rinder par le mandataire-conseil, en tant que « décideur » ne marchait pas dans la combine pour rien. Il sera même catalogué « très gourmand ». Me Adam est quant à lui un homme certes intéressé mais qui tient ses promesses.

La tournée alsacienne du mandataire-conseil est présentée comme couronnée de succès puisque la période d'observation de la SA Arbois est réduite de sorte que la reprise se fera à brefs délais. Maintenant que le gogo outre-frontières a été ferré, il ne reste plus qu'à déterminer le prix de cession pour sortir les dirigeants de la société de la panade financière dans laquelle ils se trouvent. En effet, Pascal Rinder et François Domec sont coincés par les cautions apportées aux banques avant le dépôt de bilan. L'établissement de l'offre de reprise sera prise en charge par l'étude de Me Adam. Ce n'est même pas le mandataire-conseil qui y travaillera mais l'un de ses collaborateurs. Et, sans gêne, avec l'assistance bénévole forcée de Pascal Rinder, le dirigeant de la société qui doit être cédée. Du vrai travail d'équipe pour abuser Roger Graf qui n'a rien vu venir. Il n'a aucune raison de se méfier puisque, dès le 15 mars 1991, soit vingt jours avant la clôture des offres de cession, il lui est permis d'intervenir dans la société Arbois et de vendre du stock pour permettre le paiement des salaires.

Le 5 avril 1991, le prix est fixé dans le cadre d'une mise en scène téléphonique très subtile. Pour le candidat repreneur, le collaborateur de Me Adam, téléphone, devant lui, à l'administrateur judiciaire. Il est ainsi amené à croire que l'offre la plus élevée est de 8,7 millions de francs et que l'interlocuteur à l'autre bout du fil suggère de surenchérir à 9,2 millions. Comme il ne reste qu'à compléter la case du montant de la somme à inscrire sur l'offre, Roger Graf n'hésite pas, il accepte. Cela fait partie du *deal* que Me Adam prétend avoir passé avec l'administrateur judiciaire de Colmar. Dans son esprit, il fait une très bonne affaire sur les terrains, les constructions et le matériel. Les stocks sont évalués autour de 5,5 millions de francs.

Le 11 avril suivant, l'offre de Roger Graf est présentée devant le tribunal de grande instance de Colmar. Pour le repreneur, il ne s'agit que d'une formalité et il ne se trompe pas. Me Adam paraît donc avoir bien manœuvré. Tout a été savamment organisé pour accréditer l'idée que sa proposition constitue la meilleure offre de reprise. En outre, il est présenté comme bénéficiant d'un accord de financement alors qu'il n'a pu obtenir de garantie bancaire. Par ailleurs, il ne disposait même pas de sa carte de commerçant étranger ! Le comble lorsqu'on se positionne pour diriger une entreprise commerciale en France. Me Adam a donc toutes les raisons d'être satisfait, son « contrat » vis-à-vis de son client Roger Graf est en voie d'être rempli. Cela vaut bien un déjeuner qu'il offre le même jour à l'administrateur alsacien « Chez Schillinger », classé comme l'un des meilleurs restaurants de la région. Ce lieu gastronomique n'a pas du faillir à sa réputation puisque la note s'est montée à 1 650 F. Question de logique pour Me Adam puisque c'est lui va encaisser de Roger Graf 1,2 million de francs, presque entièrement réglés en Suisse bien évidemment. La nature du service rendu est ainsi à la hauteur de la garantie de confidentialité.

Le 25 avril 1991, lorsque le tribunal confirme que la cession des actifs de la SA Arbois a été obtenu en sa faveur, Roger Graf est persuadé d'avoir enfin concrétisé l'affaire de sa vie. Sa félicité sera éphémère, en dépit de la nomination de l'administrateur judiciaire comme commissaire à l'exécution du plan. Roger Graf n'a pu régler que 2,2 millions de francs sur les 9,2 prévus.

Le 18 mars 1994, face aux interrogations du juge commissaire qui, dès le mois d'août 1992, commencent à se renforcer, la résolution du plan de Roger Graf est prononcée par le tribunal de grande instance de Colmar. Le repreneur Suisse comprend alors qu'il a perdu au total 3,4 millions de francs. Son rêve s'achève. Lorsqu'il se réveillera, face à la justice, il comprendra qu'il a été victime d'une entourloupe bien montée. On lui avait fait croire qu'il y avait une offre à 8,7 millions, alors qu'elle n'était apparemment que de 4,5 millions. C'est ce qui sera retenu, dans les grandes lignes entre l'accusation et le jugement rendu par le tribunal de grande instance de Nanterre le 26 février 1997.

L'action de la justice sur le dossier Arbois s'est engagée le 2 juillet 1994, à la suite d'un coup de fil anonyme, alors qu'une instruction était en cours notamment sur les agissements de Me Adam, dans le cadre du dossier de corruption précédemment abordé. Ce mandataire comparaîtra le même jour pour les deux dossiers mais sera condamné uniquement dans l'affaire d'Arbois, notamment pour escroquerie et corruption active. Le tout à trente mois de prison dont la moitié avec sursis complétée par 200 000 F d'amende et une privation de trois ans de tous les droits civiques, civils et de famille. L'expert-comptable a écopé de deux ans de prison avec sursis pour faux et usage de faux. Ce délit se rapporte à la facture qu'il a adressé à Me Adam, sous le couvert d'un libellé de prestations considérées par le tribunal comme bidons. Quant à l'administrateur judiciaire de Colmar, il sera condamné, au cours de cette première instance lui aussi pour corruption passive, à dix-huit mois d'emprisonnement avec sursis, assortis des mêmes peines accessoires que celles infligées à Me Adam.

Tous trois devaient faire appel, le 28 février 1997, du jugement rendu. Le 19 mars 1998, l'arrêt de la Cour d'appel de Versailles infirmait en grande partie les condamnations décidées à Nanterre. Celle de Me Adam est ramenée à deux ans avec sursis et uniquement pour des faits d'escroqueries au préjudice de Roger Graf. L'amende de 200 000 F saute mais l'interdiction des droits durant trois ans est maintenue. L'expert-comptable et l'administrateur judiciaire seront quant à eux relaxés. Si le premier s'en est tiré au bénéfice du doute, le second a été entièrement blanchi. Pour la cour d'appel de Versailles, c'est le mandataire-conseil, Me Adam, qui a manifestement abusé tant le repreneur que l'administrateur judiciaire. C'est aussi l'avis du parquet général qui n'a pas effectué de pourvoi.

L'arrêt de la cour d'appel du 19 mars 1998 s'est également prononcé sur le sort de ceux qui avaient comparu en première instance dans l'affaire Housse Avia traitée dans le chapitre précédent. Pour les nouveaux magistrats, la condamnation de l'avocat Me Feldman relève d'une « exacte application de la loi pénale ». Au total, sur les deux affaires, ceux qui ont vu leur peine entièrement ou partiellement confirmée, en l'occurrence Me Adam et Me Feldman, ont décidé de se pourvoir en cassation.

Dans le dossier de la société Arbois, la condamnation en appel, prise à l'encontre du mandataire de Nanterre laisse apparaître, à ce jour et sous réserve de la décision qui sera prise par la juridiction suprême, que la fonction de mandataire de justice s'est encore largement écartée de la loi qui est à l'origine de cette profession : la sauvegarde des emplois ! Ce point n'est pas souligné par le tribunal ou la cour. Comme si détruire des dizaines ou des centaines d'emplois pour satisfaire une insatiable âpreté au gain ne méritait pas d'être relevé. C'est pourtant de cette destruction, que notre société souffre le plus durement aujourd'hui. C'est sans doute à cause de cette plaie profonde, qui ne se cicatrise pas, qu'une trop grande partie de notre jeunesse reste rejetée, sur le bas-côté de la route. Un chef d'entreprise qui emploie des salariés mais qui n'arrive pas à payer toutes ses charges sociales peut-être immédiatement liquidé. Est-il normal qu'un mandataire de justice qui par ses manœuvres contribue, en tant que conseil, à la liquidation d'une entreprise dans des conditions condamnées jusqu'en appel puisse, éventuellement, poursuivre son activité durant des années, jusqu'au moment où tous les recours seront épuisés ? C'est pourtant ce qui se passe très souvent. Voilà la logique de notre folle époque !

CHAPITRE 11

Aurillac : la galère du libraire

Né à Montboudif dans le Cantal en 1911, Georges Pompidou se serait plu à dire : « Pour comprendre la France, il faut connaître le Cantal. » Certains sociologues auraient tendance à penser la même chose. Ce département représenterait l'image moyenne du pays. Ce qui se passe à Aurillac, chef-lieu du département, constituerait donc un échantillon assez édifiant des mœurs de certaines juridictions consulaires de la France. L'examen des conditions dans lesquelles la librairie de Jean-Claude Muet a été déclarée en liquidation judiciaire par le tribunal de commerce d'Aurillac mérite de ce fait une attention particulière.

Dans la famille Muet, enracinée depuis le siècle dernier à Paris, la tradition conduisait à faire du pain de père en fils. Mai 68 fut une période de remise en question. Jean-Claude Muet, à 20 ans, désire autre chose que faire le pain. Il rompt avec la coutume et abandonne son four. Il vend des livres. 1974 est l'année du tournant. Il parvient à ce dont il rêvait depuis longtemps et crée à Paris la Librairie de la Butte-aux-Cailles dans le 13e arrondissement. Sa passion le pousse même à faire quelques pas dans l'édition en publiant des auteurs de valeur mais que le public a oubliés. Sept ans plus tard, il cède cette affaire pour fonder, rue Saint-Dominique, non loin du Champ de Mars, la librairie de la Fontaine-de-Mars. D'une affaire sur l'autre, le professionnalisme dont fait preuve Jean-Claude Muet l'amène à être choisi pour présider l'Union syndicale des libraires de France. Son cheval de bataille est celui du prix unique du livre pour sauver les petites librairies face aux grandes surfaces. Ce combat est gagné. En 1986, les affaires tournent bien. Ce n'est pas le cas de sa voiture. Les suites d'un accident le conduisent à envisager de poursuivre son aventure en province. Il projette la création de la Librairie de l'Hôtel-de-Ville en plein centre d'Aurillac. Ce coin du Cantal, avec son rythme et sa qualité de vie, convient parfaitement à l'homme, au *look* soixante-huitard, dont la barbe envahissante n'est qu'un des aspects. Il est loin de mener grand train et, pour cette nouvelle aventure, il a besoin d'un petit prêt-relais de 240 000 F. Il frappe à la porte du Crédit agricole local qui contrôle les trois quarts de l'aide financière accordée aux entreprises. Aucun problème. La librairie parisienne est donc vendue en 1988. Par la suite, le banquier lui suggère de rembourser le prêt-relais et de souscrire un autre prêt de 300 000 F sur le long terme. Le libraire, confiant, n'y voit qu'avantage car il a l'intention d'accroître son stock. Le prêt-relais est remboursé fin mars 1988 mais le prêt devant le remplacer au mois d'avril suivant n'arrivera jamais. Jean-Claude Muet se trouve immédiatement confronté à quelques difficultés de trésorerie, comme celles que vivent toutes les entreprises qui démarrent une activité en étant privées de soutien financier. La librairie marche assez bien mais les ennuis ne cessent de s'aggraver sans qu'il sache pourquoi. Les éditeurs se montrent anormalement méfiants. Ils exigent un paiement comptant au lieu des soixante jours habituels et réduisent la remise de 35 à 25 %. Les autres banques restent sourdes à des demandes de crédit. Le ballet des huissiers s'organise. Le libraire est ainsi précipité dans un enfer tout en ignorant d'où viennent ces flammes qui sont en train de détruire ce qu'il avait mis plus de vingt ans à construire. L'horreur. Il se bat comme un beau diable pour maintenir son exploitation. Début 1992, sur assignation du Crédit agricole qui avait été le premier à lui savonner la planche, Jean-Claude Muet voit sa librairie traduite devant le tribunal de commerce d'Aurillac pour traites impayées. Il espère encore s'en sortir et tente de trouver une banque qui consentira à lui accorder un petit crédit. Il se retourne pour cela vers des banques étrangères, à Paris.

Le 13 avril 1992, sa demande est une nouvelle fois rejetée mais il comprend enfin la cause des tourments qui se sont abattus sur lui depuis maintenant quatre ans. Jean-Claude Muet a pu assister, en direct, à la scène qui amène le banquier à lui signifier une fin de non-recevoir. Lorsqu'un banquier interroge le Fiben, le fichier bancaire des entreprises, banque de données informatiques établie et tenue à jour par la Banque de France, Jean-Claude Muet est présenté comme ayant fait l'objet d'une liquidation judiciaire à titre personnel. La cotation 06 qui lui est affectée le range au niveau de ceux qu'il faut fuir comme des pestiférés. Un détour vers la Banque de France lui permet de découvrir le pot aux roses. Son successeur à la Librairie de la Butte-aux-Cailles, qu'il avait vendue en 1981, avait été mis en liquidation en 1987. Le drame de Jean-Claude Muet tient au fait que l'agent de la Banque de France qui avait épluché les journaux d'annonces légales n'était pas dans son assiette le jour de la retranscription de l'information sur le Fiben. Il s'était tout simplement trompé de ligne : au lieu de porter le nom du dirigeant effectivement liquidé, il avait mentionné celui de l'ancien, Jean-Claude Muet, qui évidemment n'avait rien à voir avec cette procédure. La Banque de France reconnaît sa « regrettable confusion » et se contente de le replacer à la cotation 00, c'est-à-dire digne de confiance. Toutefois, elle lui refuse tout dédommagement, pas même un petit prêt afin de le sortir du pétrin où elle l'a fourré ! Jean-Claude Muet contre-attaque aussitôt en assignant l'établissement devant le tribunal administratif qui attendra février 1995, soit au total vingt-neuf mois, avant de se déclarer... incompétent. La machine est relancée devant le tribunal de grande instance qui, en fin de compte, refuse le bébé et l'eau du bain. Il se déclare lui aussi incompétent. Portée devant le tribunal des conflits, l'affaire est renvoyée devant la juridiction administrative, laquelle devra, en dépit de son premier refus, se pencher sur les responsabilités soulevées contre la Banque de France. Entre-temps, la situation du libraire n'a fait qu'empirer. La maison qu'il avait achetée à Aurillac, sur ses économies, pour 1 million de francs, est mise aux enchères par le Crédit agricole en décembre 1992. Montant : 390 000 F ! Sa librairie, placée en redressement judiciaire en juillet 1993, sur demande du Crédit agricole, est liquidée le 6 décembre 1994 par le tribunal de commerce d'Aurillac.

Pourtant le libraire avait éclairé, preuves à l'appui, dès avril 1992, le tribunal de commerce et le Crédit agricole d'Aurillac sur les véritables causes de ses incessantes difficultés financières : l'erreur du Fiben qui, en le déclarant à tort en faillite, l'avait privé de tout crédit de 1988 à 1992. Or, ni le Crédit agricole ni la justice consulaire n'ont voulu tenir compte de ce cas de force majeure. Pas plus que la cour d'appel saisie de la liquidation. Il est vrai que dans le Cantal, certains justiciables se demandent s'il est bien raisonnable pour eux d'exercer le moindre recours devant cette instance, depuis que son président s'est rendu célèbre par le contenu d'un attendu qui mérite citation :

> « Attendu qu'il est convenable de contempler la majestueuse construction de l'Europe, dont tous

savent la date de départ et aucun celle de l'arrivée ; que le moins que l'on puisse dire, tant dans les droits latins truffés de catholicisme mais hérissés de révolutions que dans les droits anglo-saxons nourris d'anticatholicisme mais surtout de l'étendard de la liberté, c'est que la notion de concurrence est un dénominateur commun (au sens mathématique et non vulgaire de cet adjectif) ; qu'à cette lumière, il est certain que l'article 85 du traité de Rome ne supporte pas que l'un quelconque des habitants de la Communauté, des chaleurs du détroit de Gibraltar aux rigueurs de la Baltique, soit enchaîné par un combat écrasant... »

Jean-Claude Muet, qui n'accepte pas qu'on puisse lui reprocher de manquer de performance dans une course alors que ses chevilles ont été liées dès le départ, s'est lancé dans une vaste enquête pour comprendre le fin mot de son histoire. Ce qu'il a appréhendé a de quoi provoquer des frissons. Ceux que l'on ressent face à l'abomination.

La mise à mort de l'entreprise de Jean-Claude Muet a bel et bien été orchestrée. Rien n'a été laissé au hasard. Tout d'abord, en refusant le prêt à long terme le Crédit agricole ne pouvait ignorer qu'il participait à l'élimination du libraire. Entre-temps, la banque avait pris connaissance de l'information transmise par le Fiben. Or, si Jean-Claude Muet avait été informé, dès 1988, par le Crédit agricole de la raison du refus de son prêt, comme cela aurait dû être normalement fait, il aurait immédiatement pu rétablir la situation et écourter son enfer de quatre années. Son commerce et sa maison n'auraient plus eu, alors, de raison d'être menacés. L'attitude du Crédit agricole consistant à œuvrer pour la seule destruction d'une entreprise serait totalement incohérente, sans ce qui suit.

Jean-Claude Muet a également relevé que, sur les neuf

juges qui siégeaient à l'époque au tribunal de commerce d'Aurillac, six, c'est-à-dire les deux tiers, étaient administrateurs du Crédit agricole. Si bien que les juges qui avaient décidé de placer sa librairie en redressement puis en liquidation n'étaient autres que des représentants du Crédit agricole, pour certains rémunérés par lui. Pire encore ! Celui qui est à la tête du tribunal de commerce et qui a présidé les audiences concernant l'entreprise de Jean-Claude Muet, est administrateur de la principale librairie concurrente à Aurillac. Enfin, l'association qui a pour but « de développer et d'entretenir les relations cordiales entre les magistrats adhérents, d'étudier toutes les questions intéressant la juridiction consulaire, de faciliter le recrutement et le perfectionnement des juges consulaires », autrement dit en relation étroite avec le tribunal de commerce, était présidée, cette fois directement, par le libraire concurrent. Il n'était pas seul dans cette association. Il avait la chance d'avoir à ses côtés, comme trésorier, celui qui remplissait les fonctions d'administrateur de sa librairie et de président du tribunal de commerce. Comme au Loto, il est possible d'annoncer : carton plein ! Difficile, dans de telles conditions, d'imaginer que le président du tribunal de commerce d'Aurillac n'a pas utilisé ses fonctions de juge consulaire conjuguées avec celles de représentant du Crédit agricole, pour servir les intérêts de la librairie dans laquelle il était directement impliqué. En tant que juge et partie, il aurait dû se récuser. Il ne l'a pas fait et s'est refusé à le faire malgré la demande de Jean-Claude Muet. Au bout du compte, c'est un concurrent qui a été éliminé de la manière la plus détestable puisque ce dernier est aujourd'hui ruiné.

La ténacité de Jean-Claude Muet a fini par être récompensée, au moins par rapport à l'injustice dont il a été victime. Le 10 juin 1997, après plus d'un an d'engagement sur le terrain pénal, un juge d'instruction lyonnais, saisi de l'affaire dans le cadre d'un dépaysement du dossier, a procédé à la mise en examen, pour prise illégale d'intérêts, des trois magistrats consulaires qui étaient intervenus, avec une double casquette, pour favoriser la ruine du libraire gênant. Plus le juge-président qui, lui, en coiffait quatre. Les pratiques au sein du tribunal de commerce d'Aurillac étaient pour le moins choquantes et relevaient de la répression pénale. Là aussi, le parquet d'Aurillac s'est cantonné avec insistance dans une indifférence déroutante. Sans la plainte avec constitution de partie civile de Jean-Claude Muet, rien ne se serait passé. Le Crédit agricole est tout-puissant. Il règne sur le Cantal comme un seigneur du Moyen Âge. C'est lui qui, sur le plan financier, décide d'aider les entreprises ou de les asphyxier. C'est encore lui, sur le plan de la justice consulaire, qui détermine celles qui doivent disparaître. Personne ne s'indigne, en haut lieu, que le pouvoir de l'argent et celui de la justice puissent être réunis entre les mêmes mains. Le Crédit agricole maîtrise et contrôle parfaitement la situation. D'autant plus facilement que le ministère public semble vouloir rester dans l'ignorance de ses trafics. La justice consulaire aurillacoise n'a ainsi aucune raison de se remettre en question. Elle n'en a d'ailleurs manifestement pas l'intention. Le président est toujours en place et un des quatre mis en examen a été réélu aux dernières élections du 6 octobre 1997. À cette occasion, il a pu réciter, la main sur le cœur, le serment suivant : « Je jure de bien fidèlement remplir mes fonctions, de garder religieusement le secret des délibérations et de me conduire en tout comme un digne et loyal magistrat. » Difficile de contenir une réaction qui confine à l'écœurement dans un tel dossier. Pourtant le libraire d'Aurillac a su garder son calme. Il continue de se battre et de faire savoir ce qui lui est arrivé à beaucoup de personnalités politiques et judiciaires. Toutes se défilent avec des formules de courtoisie.

La lecture de ces courriers a renforcé chez moi un vif et désagréable sentiment d'affliction face à la lâcheté que j'y découvre. Ici, les mots ne servent plus à dénoncer l'intolérable mais à tisser un voile pudique sur le malheur suscité. Dans le prolongement du constat élogieux de Georges Pompidou, présenter Aurillac comme une des meilleures caricatures de la France est aujourd'hui loin d'être déplacé. Surtout quand il est question de justice consulaire.

CHAPITRE 12

Saintes : le juge signe d'une main et tend l'autre

Aujourd'hui décédé, Yvon Dabrigeon a laissé dans son entourage le souvenir d'un chef d'entreprise résolu qui, depuis 1952, n'avait jamais hésité à prendre des risques pour développer son entreprise. Il s'était en effet lancé dans la fabrication et la commercialisation de matériels vinicoles à Pons, commune située à une quarantaine de kilomètres de Royan en Charente-Maritime. Sa société présentait un aspect prospère. Elle employait 35 salariés et réalisait un chiffre d'affaires annuel de l'ordre de 10 millions de francs. Toujours riche d'idées, Yvon Dabrigeon avait voulu innover en s'investissant dans la création d'un pressoir. Son procédé, considéré comme très subtil et extrêmement avantageux, était destiné à faciliter la vinification après la phase des vendanges. Tout était prêt pour mettre en route la fabrication et la distribution du produit à des conditions de pressions révolutionnaires. Tout, sauf les autorisations administratives. Le chef d'entreprise ingénieux avait peut-être oublié qu'il existait aussi la pression des concurrents qui, elle, ne relevait plus de solutions d'ordre mécanique. Il dut sortir de ses calculs pour entrer dans les comptes de la société, qui n'étaient pas fameux. Avant même qu'il ait pu trouver une solution, sa société allait rapidement connaître, devant le tribunal de commerce de Saintes, le redressement puis la liquidation judiciaire en 1987. Ainsi étaient désignés Me Dutour comme mandataire liquidateur et M. Renault en tant que juge-commissaire. Le premier résidait à Niort et le second à Pons où, débarrassé de sa robe noire, il exerçait les fonctions de dirigeant au sein d'une société de transports. La procédure collective engagée par la juridiction consulaire de Charente-Maritime est, elle aussi, loin de représenter un modèle du genre.

Entre la loi et les conditions de son application, il y a parfois une distance surprenante. Alors qu'il appartient au juge-commissaire de décider de la vente des biens meubles et des actifs immobiliers des époux Dabrigeon, c'est le liquidateur qui tient ce rôle. Dans une lettre du 3 juin 1987, il s'adresse au juge-commissaire en lui signifiant : « Veuillez trouver ci-joint l'ordonnance concernant la cession dans l'affaire Dabrigeon. » Le document en question n'a plus qu'à être signé, puisqu'il est daté du 5 juin 1987. Un petit coup d'œil sur le document permet de relever que les prix répondent à ceux de l'offre des candidats au rachat des actifs. Fonds de commerce : 50 000 F, immeuble : 880 000 F, matériel : 250 000 F, matériel en leasing : 200 000 F. Le dernier élément pose quand même un petit problème. Par définition, le matériel en leasing se rapporte à un contrat de location. Il n'appartient donc pas à l'entreprise et ne peut être vendu. Si Yvon Dabrigeon avait effectué lui-même cette vente, il tombait sous le coup d'un abus de confiance. Or, les représentants du tribunal la réalisent. Pourquoi s'embarrasser de la loi quand on a la chance de la représenter ?

Les premiers signes de connivence entre le liquidateur et le juge-commissaire ne laissent rien augurer de bon pour les Dabrigeon. D'autant que la vente des actifs est accordée aux sociétés Prulhot et Socoa sans préciser la répartition entre les bénéficiaires. L'explication se situe peut-être au niveau de la deuxième société qui a comme dirigeant le maire de Pons, lequel est aussi conseiller général. Les actifs sont officiellement cédés, mais le juge-commissaire ne paraît pas s'inquiéter de l'absence, durant de longs mois, de l'enregistrement de la vente devant notaire et par conséquent de paiement du prix, alors même que le choix du liquidateur des deux sociétés désignées reposait sur la relance de l'entreprise et des emplois. Les facilités dont Yvon Dabrigeon a été privé pour poursuivre son activité et fournir du travail sont, en revanche, accordées sans problème à ceux qui ont récupéré les actifs de l'entreprise. Ce ne sera qu'en avril 1988 que le prix modeste des importants actifs sera réglé, à hauteur de 1 200 000 F. Un fait, survenu parallèlement à la vente, permet d'avoir un éclairage plus précis sur les tenants et aboutissants des conditions très avantageuses qui ont entouré l'opération.

Le juge-commissaire a décidé d'investir dans un domaine plus lucratif que le transport : l'immobilier. Pour cela, il faut de l'argent, beaucoup d'argent. Qu'à cela ne tienne, il sait comment s'en procurer : grâce au pouvoir de décision du maire, à qui il a attribué les actifs de la société d'Yvon Dabrigeon dans des conditions plutôt généreuses. Il fallait oser ! Il l'a fait. Et le maire, qui semblait ne rien devoir lui refuser, l'a même rassuré de manière pour le moins anticipée sur sa demande de cautionnement à hauteur de 5 millions de francs. Au titre de preuve, une lettre du 26 septembre 1988, dans laquelle le premier magistrat de Pons écrit au juge-commissaire qu'il va réunir au plus tôt son conseil municipal, tout en précisant : « Je peux dès à présent vous assurer que la décision sera favorable. » Voilà un juge-commissaire assuré, à titre personnel, d'être récompensé après avoir rendu une décision dans le cadre de ses fonctions consulaires.

La mascarade de la justice des commerçants ne s'arrête pas là. L'entreprise Socoa va connaître, elle-même, des difficultés qui vont la conduire vers le redressement judiciaire, le 21 décembre 1989, mais cette fois avec un véritable traitement de faveur. Le même tribunal de commerce de Saintes homologue un plan de cession des actifs, provenant, pour une grande partie, de la société d'Yvon Dabrigeon, à la Sotecma. Cette dernière, créée pour les besoins de la cause, trois mois auparavant, est la filiale de Socoa ! En bout de chaîne, les actifs Dabrigeon seront effectivement vendus à la commune de Pérignac, située à quelques petits kilomètres de Pons. Ces grandes manœuvres ne se sont pas réalisées gratuitement. En tous les cas, une part du coût de ces opérations ne sera pas supportée par la société du maire de Pons puisqu'elle laissera au passage un passif de l'ordre de 17 millions de francs ! Les vautours n'ont eu aucun mal à se repaître sur la bête blessée. La robe noire qui était chargée de la défendre a fermé les yeux et tendu la main. Le parquet n'a rien vu. Dans la plupart des cas, cela devient une habitude.

La loi de janvier 1985 l'avait impliqué dans le contrôle pour empêcher justement ce genre de dérive. On retiendra que la loi ne sert pas à grand-chose sans la volonté des hommes de la faire respecter. On pourra continuer à se plaindre de la disparition des entreprises, de l'augmentation du chômage, si rien n'est fait pour arrêter les prédateurs et les profiteurs. Parmi eux, se rencontrent parfois des représentants de communes qui ont perdu le sens de l'intérêt dit général. Il n'y a pas qu'aux enfants qu'il faudrait enseigner le civisme...

CHAPITRE 13

Périgueux : les liaisons dangereuses

Une fois n'est pas coutume, c'est bien le Crédit agricole, celui de la Dordogne, qui, le 23 avril 1993, dénonce dans une plainte avec constitution de partie civile les agissements de son ex-secrétaire général. Il s'agit d'abus de confiance commis au profit de deux mandataires de justice. Enfin la justice périgourdine ne rechigne pas, comme trop souvent ailleurs, à se saisir de ce type de dossier. Il y a, certes, d'après les rumeurs, un parfum de règlement de comptes interne à la banque dans la démarche des plaignants. Qu'importe ! Le magistrat ne doit s'intéresser qu'aux faits et sa mission consiste à vérifier si leur nature présente une consistance pénale. Ce n'est qu'au terme de l'instruction que l'affaire est renvoyée ou non devant le tribunal en reprenant les infractions reprochées à chaque prévenu. C'est donc pour corruption passive que Me René Martin de Périgueux est traduit en correctionnelle, avec l'ex-secrétaire général, devant le tribunal de grande instance de Bergerac, le 12 décembre 1995. Le dossier a le mérite d'être clair. Il est reproché au mandataire de justice d'avoir perçu, dans l'exercice de ses fonctions et à différentes reprises, des « dons » en argent du Crédit agricole, pour avantager celui-ci.

En dehors de deux opérations, chacune réglée par

lettre-chèque, pour un montant global de 185 000 F, au cours desquelles, malgré son statut de « chargé d'un ministère de service public », Me Martin a plutôt agi comme un véritable agent exclusif de recouvrement du Crédit agricole, ses autres interventions ont été rétribuées en *cash*, dans l'anonymat presque complet. Le premier cas concerne la liquidation judiciaire de la Coopérative agricole départementale, la CAD, prononcée le 18 juin 1985 par le tribunal de grande instance de Périgueux, statuant en matière commerciale. Dans cette affaire, le Crédit agricole était assez mal parti. Le fait de détenir, depuis un certain temps, une créance sur la CAD d'un montant de 125 millions de francs, sans bouger, posait manifestement un problème. Les autres créanciers, ignorant la situation, avaient continué à maintenir leurs prestations sur la base d'une solvabilité devenue trompeuse. La banque craignait donc de faire les frais de ce soutien abusif. Les créanciers avaient en effet envisagé de soulever contre elle une action en responsabilité pour combler le passif. Le risque était énorme, car non seulement la banque ne pourrait pas recouvrer sa propre créance mais, en prime, elle serait obligée de régler les autres dettes de la société. La période de grande frayeur allait vite passer grâce à une « heureuse » solution liée à une « efficace » intervention de ceux qui, à l'époque, occupaient la fonction de syndic : Mes René Martin et Louis Hirou de Libourne. Le Crédit agricole n'a fait qu'entrouvrir son tiroir-caisse en rachetant les créances qui pesaient sur la CAD à 65 et 60 % de leur valeur, soit une économie de 35 à 40 % au profit particulier du Crédit agricole et au préjudice des autres créanciers. À ceux-ci, les deux syndics ont su faire avaler la pilule en les amenant à renoncer à une part non négligeable des montants qu'ils étaient en droit de demander à la banque. Le problème pour les syndics est qu'ils étaient censés, dans leur fonction, défendre les intérêts de tous les créanciers et non d'un seul. Ce qui, en plus, a sérieusement compliqué les choses à leur égard est la petite « récompense » qu'ils ont touchée en date du 29 mars 1989 : 180 000 F en espèces ; 115 000 F pour Me Martin, 75 000 F pour Me Hirou.

Le cas suivant est de même facture face au même tribunal. La procédure collective concerne un groupement de producteurs d'ovins de Dordogne malchanceux. Il est déclaré en redressement judiciaire en mai 1988 avec comme principal créancier le Crédit agricole, pour une ardoise de 3,6 millions de francs. Pas de quoi pavoiser pour la banque. Bien au contraire, elle a tout lieu de craindre, ici aussi, une action en responsabilité pour soutien abusif. Comme à l'habitude, elle doit renoncer à sa créance, mais cette fois son vœu est tourné vers une cession, pour un montant de 900 000 F, au profit de la Coopérative périgourdine agenaise d'élevage et d'insémination artificielle. Les autres créanciers ne pourront que se serrer la ceinture. Le souhait est exaucé d'autant plus facilement que Me Martin a été le représentant des créanciers avant de devenir le commissaire à l'exécution du plan. Reconnaissant lui-même, devant le juge d'instruction, que ce n'est pas « pour ses beaux yeux » que le Crédit agricole lui a remis de l'argent, Me Martin a été gratifié, en mars 1991, de 150 000 F. Toujours en espèces !

Dans le dernier cas, l'ouverture de la procédure collective se décide encore à Périgueux. Le changement se situe dans les fonctions de Me Martin. Ce dernier intervient comme administrateur judiciaire au sein de la Coopérative des éleveurs du Limousin-Périgord, placée en redressement le 24 mars 1989. Le Crédit agricole est toujours menacé d'une éventuelle action en responsabilité, mais, exceptionnellement, le mandataire de justice réussit, contre toute attente, à régler la quasi-totalité du passif. Tout pouvait être remboursé, à l'exception de 235 000 F d'intérêts sur créance auxquels le Crédit agricole a renoncé. Il était prévu que la procédure de redressement devait se clôturer le 26 mai 1993. N'ayant laissé aucune plume dans cette affaire, grâce aux efforts de Me Martin, la banque n'hésite pas à l'honorer de sa reconnaissance avec une enveloppe de 150 000 F. Bien évidemment, à la suite du remboursement des intérêts auxquels elle avait pourtant renoncé. Le Crédit agricole accepte les grosses pertes mais ne renonce pas aux petits profits...

Alors qu'au départ le dossier de Périgueux mettait en cause deux mandataires liquidateurs, Me René Martin de Périgueux et Me Louis Hirou de Libourne, seul le premier a rendu des comptes à la justice. Les griefs soulevés à l'encontre du second (pour la petite histoire, il a été occasionnellement sollicité par l'École nationale de la magistrature de Bordeaux dans le cadre de la formation des futurs juges) se limitent à la perception d'une somme de 75 000 F en mars 1989. Ce genre d'opération est normalement susceptible de faire l'objet de poursuites pour corruption. Toutefois, portés à la connaissance de la justice en avril 1993, plus de quatre ans après leur commission, ces actes ne seront jamais pénalement sanctionnés. Encore une combine ? Non, la loi tout simplement.

Ces faits, qualifiés juridiquement de délits, se prescrivent au bout de trois années. Le mandataire de justice a ainsi été sauvé par le gong qui éteint l'action publique. Si, à l'avenir, le législateur veut sincèrement combattre la corruption dans l'environnement consulaire, il ne serait pas inutile de revoir ce délai de prescription. Il conviendrait d'étudier la possibilité de considérer cette infraction qui concourt à détruire les entreprises et les emplois, comme un crime et non plus un délit. Ainsi la prescription pourrait éventuellement être portée de trois à dix ans. Il reste que, sur le plan civil, la crédibilité de la fonction d'auxiliaire de justice est sérieusement entamée, pour ne pas dire pénalisée. Le mandataire de justice poursuit tranquillement ses activités, comme si de rien n'était. La morale, cette fois encore, n'y trouve pas son compte puisque, après avoir plongé les doigts dans le pot de confiture, il suffit de passer le cap de trois petites années pour éviter de se faire condamner et remercier.

Il est vrai que, depuis quelques années, les hommes politiques sont de plus en plus nombreux à donner le mauvais exemple. En dépit des poursuites pénales ou même des condamnations, ils préfèrent se maintenir dans leurs fonctions électives. Pour justifier leur position, ils mettent en avant la sempiternelle présomption d'innocence et se retranchent derrière l'appel ou le pourvoi en cassation. Ils occultent, dans le souci de continuer à bénéficier de tous les avantages liés à leur mandat, divers autres points. Avant de les aborder, il convient d'exclure la malveillance des juges, qui peut effectivement exister comme dans l'affaire de Me Monnet, et qui de ce fait mérite incontestablement un vrai débat autour de l'indépendance et la responsabilité des magistrats. Cela dit, dans la majorité des dossiers, une mise en examen et surtout une condamnation signifient davantage une présomption de culpabilité que d'innocence. Dans le cas où l'élu bénéficie de la prescription, si la faute ne peut plus être sanctionnée, elle n'est pas pour autant effacée. Elle a existé et, dans de nombreux cas, au préjudice de la collectivité. Enfin, ce type de comportement des hommes politiques, à la probité pour le moins douteuse, jette un considérable discrédit sur la classe politique dans son ensemble. Là aussi, pour faire l'économie d'élections truffées de candidats mis en examen ou de condamnés dans l'attente de décision définitive, il serait probablement judicieux de s'orienter, à défaut de la démission qui se fait de plus en plus rare, vers la suspension obligatoire du mandat tant que la justice n'est pas définitivement passée. L'intérêt général semble commander une telle mesure qui a le mérite de s'en tenir au bon sens élémentaire.

Il importe de souligner que le législateur a partiellement réglé le problème de la prescription lié aux dérapages des procédures consulaires, en faisant démarrer celle-ci non plus à la date de la commission des faits mais au moment de leur découverte. Il en va ainsi du délit de « malversation » concernant l'atteinte aux intérêts du créancier ou du débiteur, notamment dans le cadre d'un abus de pouvoir des organes de la procédure collective, prévu et réprimé par l'article 207 de la loi du 25 janvier 1985. Toutefois, comme certaines affaires le révéleront ultérieurement, il ne s'agit pas de crimes mais seulement de délits punis par des peines pour le moins insuffisantes.

Dans l'affaire du mandataire jugé à Périgueux, le tribunal a rendu son verdict le 13 février 1996. Au total, quatre bakchichs pour un montant de 485 000 F ont été opposés à Me Martin. Retenant des actes « particulièrement graves », le couperet de la justice s'est abattu avec modération : quinze mois de prison, intégralement assortis du sursis. Il est vrai que Me Martin avait 72 ans et que l'instruction de son affaire a permis de déboucher sur d'autres dossiers, concernant notamment son épouse, Jacqueline Martin, elle-même mandataire liquidateur. La famille Martin, il faut bien le reconnaître, n'a pas eu beaucoup de chance ces dernières années. À la suite de l'ouverture de l'information auprès du magistrat instructeur de Bergerac et des premières découvertes qui auraient dû logiquement être suivies d'un contrôle fiscal, l'étude a été ravagée par un sinistre. Il n'y aurait pas eu de traces d'effraction constatées et le système d'alarme serait resté silencieux. En revanche, de très nombreux dossiers ont été « fâcheusement » détruits. Sur un autre registre, un précieux renseignement conduit la justice de Périgueux à s'intéresser aux conditions dans lesquelles Mme Martin aurait tenté d'obtenir un soutien pour sauver son mari des foudres du tribunal, alors que celui-ci était placé sous contrôle judiciaire avec interdiction d'exercer dans l'attente du jugement. La mandataire de justice, bonne épouse, avait frappé à plusieurs portes, dont celle de la Chancellerie. Elle devait, sans aucun doute, espérer un meilleur résultat que celui d'écoper d'une mise en examen pour trafic d'influence et se retrouver en détention. Deux de ses amis, anciens rugbymen, ont également été sifflés hors jeu dans cette partie avant d'être conduits à la maison d'arrêt. Ils avaient offert leurs services. Le séjour du mandataire à la prison de Limoges sera de brève durée. Autant que celle de la liberté qui suivra. Une affaire de tentative d'incendie volontaire lui fera prendre à nouveau le chemin de la maison d'arrêt avec deux autres personnes. Aux dernières nouvelles, transmises par le journal *Sud-Ouest*, les époux Martin devraient comparaître devant le tribunal correctionnel de Périgueux pour une affaire de faux et usage de faux suite à la plainte d'un justiciable. D'un autre côté, les comptes de l'étude laisseraient apparaître quelques anomalies sur des opérations de sorties d'argent qui font depuis quelque temps l'objet d'un examen approfondi. Aujourd'hui, reviennent à l'esprit certaines liquidations réalisées par chacun des époux Martin, voire par les deux, qui avaient déclenché de vives réactions d'indignation de la part des débiteurs. Les détournements d'actifs, dénoncés avant que l'affaire du mari avec l'ex-secrétaire général du Crédit agricole n'explose, avaient du mal à prospérer normalement devant la justice.

Il y a eu ainsi la liquidation de la SARL Laribière de

Boulazac, frauduleusement organisée au préjudice de l'ex-dirigeant, Roland Laribière, grâce à un dépôt de bilan orchestré par les responsables du groupe Sagatrans, le repreneur. Le tout avec la bénédiction des époux Martin, malgré les multiples démarches de Roland Laribière pour dénoncer, dans cette opération, la mise sur le dos de la SARL Laribière d'un passif de 10 millions de francs, en réalité créé par Sagatrans. Cette magouille allait être sanctionnée, le 28 juin 1994, par la Cour de cassation qui annulait la procédure collective ouverte contre la SARL Laribière le 27 mars 1990. Au lendemain du jugement, parlant du couple Martin, M. Laribière laissait transparaître en quelques mots le poids des années d'angoisse qu'il avait dû supporter : « S'ils avaient voulu me dépouiller moi et ma famille, ils ne s'y seraient pas pris autrement. Si je n'avais pas eu le soutien de mon conseil [...] j'aurais été broyé comme n'importe qui aurait pu l'être à ma place. »

D'autres semblent ne pas avoir su résister, si l'on se souvient du suicide de Thierry Delage au cours de la liquidation de la Compagnie périgourdine d'informatique, décidée le 6 novembre 1990. Le malheureux avait vainement tenté de s'opposer, auprès de Mme Martin entre autres, à des majorations artificielles de passif glissées dans sa gestion. D'autres sont toujours en train de se battre contre ce même mandataire, pour diverses malversations soulevées, dans le cadre de la procédure collective lancée contre la SA Compagnie périgourdine. Celle-ci se traduira par un redressement, le 22 septembre 1993, et une liquidation, le 1er décembre suivant. Des actifs ont carrément disparu tandis que des biens immobiliers ont encore été cédés à des conditions extraordinaires pour l'acheteur, à vil prix pour les créanciers et les débiteurs. D'autres cadavres risquent d'être extraits du placard.

En fin de compte, c'est à partir de la mise en mouvement de l'action publique à Bergerac, en 1993, pour des relations d'affaires contestables, que le masque de ce couple de mandataires de justice, trop longtemps soutenu par l'autorité consulaire, est enfin tombé. Tous ceux qui ont souffert des interventions de ce type de mandataires verront peut-être dans les réactions actuelles de la justice une forme de justice immanente. Mais ici comme ailleurs, il sera difficile d'oublier les entreprises envoyées rapidement à la casse ou les emplois trop aisément sacrifiés.

CHAPITRE 14

Libourne : la mise en bière du vignoble

Non loin de Langon, en Gironde, la vie de René-Gilles Bolzan, viticulteur à Saint-Vivien-de-Monségur, propriétaire de vignobles et de deux domaines, bascule un jour à la suite d'une rencontre fatale avec un mandataire de justice de Libourne. René-Gilles Bolzan exploite 30 hectares de vignes sous les appellations « Fronsac » et « Bordeaux ». C'est un garçon qui a construit son existence à partir d'un système de valeurs fondé sur la volonté, le courage, l'audace et l'ambition. Il est fier de ses vignes, comme l'artiste peut l'être d'une œuvre à laquelle il a consacré une grande partie de sa vie créative. Il les surveille, les protège, les bichonne. Il tremble quand elles sont malades et s'extasie lorsqu'elles offrent de magnifiques grappes. Il vit à la fois grâce à elles, avec elles, pour elles. En 1982, cette extraordinaire harmonie est perturbée par un divorce. Sa particularité est qu'il se passe très mal. La procédure s'éternise plus de dix ans. Cette situation inhabituelle provoque et entretient des difficultés financières. Durant cette période, il est interdit à René-Gilles d'hypothéquer, de vendre ou même de donner ses biens en fermage. L'engrenage s'enclenche : les demandes de prêts se bloquent, la trésorerie se grippe, les agios s'élèvent et la confiance des fournisseurs baisse. René-Gilles Bolzan est soucieux mais veut absolument s'en sortir.

En 1992, il décide de consulter non un avocat, mais un mandataire de justice inscrit dans le ressort de la cour d'appel de Bordeaux. Que peut conseiller ce type d'interlocuteur ? Il flaire une occasion inespérée, et suggère un dépôt de bilan. Il est vrai que René-Gilles Bolzan a des actifs importants, de nature à susciter la convoitise. Le viticulteur a confiance. L'auxiliaire de justice l'assure qu'au vu des documents comptables, dont il a pris connaissance, un plan de redressement doit être normalement homologué, c'est-à-dire sans problème. René-Gilles Bolzan retourne, le cœur léger, à ses chères vignes. Ses tracasseries sont en passe d'être résolues. Il n'a, en effet, aucune raison de s'inquiéter, puisque le bilan fait apparaître un actif réalisable largement supérieur au passif. La solution que lui a fait miroiter le mandataire de justice tient à l'étalement de ses dettes grâce à la procédure visant à l'apurement du passif. La vie est belle.

Le 30 juin 1992, c'est avec une sorte de soulagement que René-Gilles Bolzan est placé en redressement judiciaire par le tribunal de grande instance de Bordeaux. S'agissant d'un viticulteur, assimilé à un agriculteur, seuls les juges professionnels sont compétents pour l'ouverture de la procédure collective. Le hasard semble bien faire les choses puisque c'est le mandataire de justice qui l'a conduit dans cette voie qui est désigné comme représentant des créanciers. Deux mois et demi plus tard, son « conseilleur » remet un rapport à la justice. Celui-ci conclut dans le sens promis, c'est-à-dire l'opportunité de poursuivre l'activité en précisant même : « M. Bolzan sera en mesure de présenter un plan de redressement pour continuation. » Les mauvaises heures sont passées et oubliées. Les relations qu'il a avec le mandataire de justice et le juge-commissaire sont excellentes et cela lui ouvre des perspectives d'avenir. La période d'observation, qui s'étalera sur dix-huit mois, conforte son optimisme. Cela prouve que son exploitation ne perd pas d'argent et, si tel avait été le cas, le mandataire de justice ou le tribunal aurait pu y mettre fin à tout moment. D'ailleurs, le plan de René-Gilles Bolzan doit être présenté le 2 décembre 1993 pour être homologué par la justice.

Toutefois, le 4 novembre 1993, le mandataire de justice suggère de retarder cette démarche à la fin de l'année, non sans raison. Les mois de novembre et de décembre sont fructueux pour un viticulteur, notamment dans le domaine de la vente aux particuliers, et influent de manière non négligeable sur les résultats. Cette proposition est acceptée par René-Gilles Bolzan, qui est assisté en la circonstance de son conseil en gestion, sa comptable et son expert-comptable. Tout semble clair, logique et judicieux. Il s'agit de consolider la situation financière de l'exploitation sur laquelle reposeront les engagements à prendre en faveur des créanciers. Par conséquent, le mandataire de justice confirme qu'il soutiendra le report de l'audience initialement fixée par le tribunal au 2 décembre 1993. C'est annoncé comme une simple formalité.

Le jour venu, revêtu de sa robe noire d'auxiliaire de justice, celui qui avait promis au viticulteur que tout devait bien se passer sollicite effectivement du bout des lèvres un report d'audience mais, à la grande surprise de René-Gilles Bolzan, lance devant le tribunal que le viticulteur ne pourra pas dégager une capacité de remboursement suffisante pour apurer le passif des créanciers. Il « oublie » ce qu'il avait toujours soutenu au sujet du redressement et « omet » d'informer les juges des accords intervenus avec l'intéressé, de nature à justifier la demande de report d'audience. Bien au contraire, tout est conçu pour accréditer l'idée que le viticulteur ne peut présenter de plan de redressement parce que son exploitation n'est pas viable. Un véritable coup de poignard dans le dos en pleine salle d'audience. Conditionné, le tribunal ne tarde pas à rendre son verdict.

La liquidation des biens de René-Gilles Bolzan est prononcée dès le 16 décembre 1993. La trop grande confiance du viticulteur vis-à-vis du mandataire de justice est ainsi rapidement sanctionnée. L'embrouille dont il a été victime trouve son prolongement et sa finalité dans la désignation du liquidateur. Ce n'est autre que celui qui, dès le départ, l'avait pris en main pour l'amener lentement mais sûrement à la liquidation !

La liquidation est exécutoire malgré un recours devant la cour d'appel. René-Gilles Bolzan comprend rapidement, au travers des premières décisions prises, que les intérêts que défend en réalité le liquidateur n'ont rien à voir avec ceux des créanciers. Les procédés utilisés pour lui tendre un guet-apens et faire disparaître ses biens, son outil de travail et l'expression de sa fierté professionnelle constituent la pire des agressions. Il y pense jusqu'à l'obsession. Il passe son temps à ressasser son infortune. Il avait des difficultés financières passagères, on l'a appâté avec la perspective d'un redressement, il y a cru et s'est jeté dans la gueule du loup. Il n'a même plus de quoi vivre. C'est le liquidateur qui en a décidé ainsi, avec l'appui du juge-commissaire qui avalise tout ce qui lui est proposé, pour l'affaiblir d'abord, l'anéantir ensuite. Cette situation le hante, le perturbe, le rend fou. L'idée de justice à laquelle était attaché le viticulteur est sérieusement écornée. Il est en liquidation depuis presque un an et, bien que la cour d'appel doive statuer sur son sort le 24 octobre 1994, il craque. Il fait exploser une bombinette dans les toilettes du liquidateur. C'est l'expression d'une profonde mais dérisoire révolte contre une injustice qui le mine jour et nuit. Sa vie détruite ne pèsera pas lourd face aux menus dégâts causés dans les sanitaires du mandataire de justice. Les magistrats professionnels décident qu'il a commis un acte grave et lui infligent une peine de deux ans d'emprisonnement, dont quinze mois avec sursis...

Face à la cour d'appel, le liquidateur n'a toujours pas fait vérifier le passif de René-Gilles Bolzan. Il se garde bien de révéler l'offre faite par un repreneur pour racheter les actifs du viticulteur pour un montant de 4 millions de francs, ce qui était loin d'être négligeable. La liquidation est confirmée. René-Gilles Bolzan ne peut parvenir à convaincre la justice du rôle joué à son encontre par un auxiliaire de justice. Il peut mesurer les effets dévastateurs de sa mini-bombe. Rien ne lui est épargné, pas même la loi des séries. Le viticulteur perd toutes ses chances d'intenter un pourvoi en cassation. L'avocat s'est tout simplement trompé. Le recours n'a pas été enregistré au nom de René-Gilles Bolzan mais à celui de son épouse... Vient le moment le plus tragique et le plus révélateur : celui de la vente des vignobles. C'est une société « en cours de formation » qui est retenue entre sept autres pour reprendre les actifs, avec derrière le beau-frère du comptable du liquidateur... Autre curiosité, le juge-commissaire a oublié de solliciter le consentement formel et exprès de la mère du viticulteur, qui avait fait donation d'une partie des biens moyennant une rente viagère. En conséquence, avec interdiction de les aliéner. Il est ainsi non seulement dépouillé de ses biens, d'une valeur de 10 millions de francs, dans des conditions contestables au profit d'un allié de son ennemi juré mais, en plus, il n'est même pas prévu de lui permettre de continuer à travailler dans un domaine qui lui renvoyait, d'une récolte à l'autre, l'image d'une certaine reconnaissance sociale.

Pour le viticulteur, la coupe est pleine. Il disjoncte. Dans la nuit du 1er au 2 juin 1995, muni de désherbant, il détruit toutes ses vignes jusqu'à la racine et vide ses cuves à vin. Des millions de francs de dégâts représentant le fruit du travail de sa vie, en quelques heures. Il reprend ses esprits dès le lendemain et se constitue prisonnier chez les gendarmes. Il reconnaît avoir « pété les plombs ». Les magistrats, aveugles sur la réalité de son cas, restent sourds à son immense détresse. Une semaine après, il est incarcéré à la maison d'arrêt de Gradignan. Un formidable comité de soutien se constitue en sa faveur. Il tient à rassurer ceux qui souffrent pour lui : « Je vous salue du fond de l'abîme, mais encore vivant. »

La destruction des vignes lui a valu une condamnation d'un an de prison dont huit mois avec sursis. Le tribunal est moins sévère que pour le gros pétard. Il n'a pas voulu forcer la dose sur le plan carcéral mais a assorti la peine d'une mesure : l'obligation d'un suivi médico-psychologique. Moyen pratique de s'en tenir aux effets, en occultant totalement la cause. Après la destruction des vignobles, le juge-commissaire a autorisé, sur proposition du liquidateur, la vente des actifs immobiliers, l'une aux enchères, l'autre de manière plus expéditive sous la forme du « gré à gré », le tout à un prix dérisoire et à un ancien membre de la profession. Un syndic ! Le liquidateur qui est à l'origine du mal a été maintenu dans ses fonctions en dépit du recours de René-Gilles Bolzan pour demander son remplacement. Comme de très nombreuses autres victimes de ce genre de situation, René-Gilles Bolzan aurait pu se suicider. Il ne l'a pas fait. Il s'en est sorti grâce à la logique à laquelle désormais il se raccroche : la lutte contre l'injustice, « pour sauver mon âme ».

La cour d'appel de Bordeaux a dû penser que le processus infernal lancé contre René-Gilles Bolzan devait prendre fin puisque, le 26 novembre 1997, elle ramenait à 100 000 F les 2 673 875 F demandés par le mandataire de justice pour la réparation du préjudice causé par la destruction du vignoble. Il est à noter qu'à l'audience, René-Gilles Bolzan avait clamé haut et fort qu'il restait

« encore assez d'actifs pour couvrir le passif négocié, que c'était lui qui avait été victime d'une escroquerie et que les bases de calcul de l'expert permettaient de dissimuler en grande partie le niveau des malversations du liquidateur ».

CHAPITRE 15

Bordeaux : la vérité un quart de siècle après

La société Doucet Lambeye n'est peut-être plus qu'un lointain souvenir pour certains habitants de la région bordelaise. Pourtant, au début des années 70, elle faisait partie des plus belles entreprises de construction et de travaux publics du Bassin aquitain : 35 millions de francs de chiffre d'affaires et 500 salariés. Son horizon était dégagé, jusqu'au jour où l'un de ses clients, la SNCF, refuse d'honorer une facture de travaux pour 2 millions de francs. La situation n'a rien de catastrophique. La société est en bonne santé et éprouve seulement quelques problèmes de trésorerie qui, dans la profession, est rarement pléthorique. Le malheur pour le chef d'entreprise, M. Gravéia, est d'avoir un jour parlé de ce problème à un juge du tribunal de commerce de Bordeaux qui s'empresse de lui conseiller la « meilleure » des solutions : solliciter le « bénéfice » du règlement judiciaire. Sitôt dit, sitôt fait. En juin 1973, la procédure est engagée et le juge « conseilleur » se voit désigné comme juge-commissaire... C'est donc lui qui va contrôler le bien-fondé des actes de Me Chenard, nommé syndic. M. Gravéia est rassuré, il a le soutien du tribunal de commerce pour passer le cap des difficultés financières occasionnées par un client mauvais payeur.

Or, dès le début, Me Chenard prend de curieuses initiatives. Sous prétexte d'économies, le personnel comptable de l'entreprise est licencié. M. Gravéia est, contre son gré, maintenu à l'écart des opérations touchant à la gestion de l'entreprise. C'est donc relégué au rang de spectateur qu'il voit, en 1975, le rideau tomber. Sa société est déclarée en liquidation de biens. Entrée dans le milieu consulaire pour une petite faiblesse, elle en ressort, deux ans après, les deux pieds devant. Le bulletin de santé présenté par le syndic et apparemment épluché par le tribunal de commerce ne laisse aucune chance de survie à la société. N'ayant plus accès à la comptabilité de sa propre entreprise, M. Gravéia tente de faire comprendre à la cour d'appel de Bordeaux, saisie d'un recours pour l'annulation de cette liquidation, que les chiffres de sa société ont dû être truqués pour faire croire à l'insuffisance considérable d'actifs dénoncée par le syndic. La simple bonne foi de M. Gravéia n'est pas prise en considération. Comment aurait-elle pu l'être, alors que le tribunal de commerce a homologué, par sa décision de liquidation, les comptes mis en avant par le syndic ?

Le recours exercé par M. Gravéia suite à la liquidation des biens a le don de déplaire au syndic. Pour ce dernier, la mort de l'entreprise tient à une seule explication : la « mauvaise gestion » du dirigeant. C'est donc lui qui doit prendre en charge, sur ses biens propres, le comblement des dettes de la société. M. Gravéia se trouve dans de sales draps car, au regard de la législation de 1967, c'est à lui d'apporter la preuve du contraire, c'est-à-dire qu'il a géré, en son temps, l'affaire en « bon père de famille ». Sa société est perdue. Les centaines de familles qu'elle faisait vivre sont abandonnées au sort peu enviable qu'engendre le chômage. Il ne peut malheureusement plus rien pour elles. Il ne lui reste qu'une chose à faire : défendre sa peau. Il fait donc appel de la décision du syndic suivie par le juge-commissaire et, bien entendu, par le tribunal de commerce. C'est la période où Me Chenard part en retraite. La mi-temps est de courte durée. Le match reprend immédiatement, le 3 octobre 1978, avec l'entrée sur le terrain de Me Audinet, un collègue, certes, mais aussi un ancien collaborateur du syndic remplacé.

La cour d'appel va attendre plus de trois ans avant de rendre, le 24 mars 1981, une décision qui a de quoi réconforter M. Gravéia. La procédure dirigée contre lui est annulée pour cause d'irrégularités. Cela n'empêche pas le nouveau syndic de poursuivre la procédure de liquidation renvoyée devant le tribunal de commerce. Au travers des expertises, une véritable guerre de tranchées oppose M. Gravéia à Me Audinet pour tenter, par la voie civile puis celle du pénal, de faire éclater la vérité. Cette seule étape dure douze ans ! C'est finalement le 27 mai 1993, après un dépôt de plainte remontant à huit ans, que la cour d'appel de Toulouse, saisie à son tour, confie à deux nouveaux experts la mission de vérifier si des malversations pouvaient être reprochées aux syndics de la liquidation de la société Doucet Lambeye. À l'appui de leur décision, les juges soulignent : « L'audition de Me Audinet du 21 mars 1992 est inquiétante puisque, entendu comme témoin par le juge d'instruction [...] il déclare n'avoir perçu aucune somme tandis que, le soir même, il rédige une lettre à ce même juge pour indiquer que, depuis sa nomination le 03/10/78 jusqu'au 21/05/92 il a encaissé sur le dossier 3 280 856,98 F. » Impressionnant !

Les deux experts vont faire preuve de méthode et surtout de perspicacité, malgré la mauvaise volonté de Me Audinet, dont le prédécesseur est décédé. Ils cherchent d'abord à récupérer la comptabilité de la société depuis le dépôt de bilan. En dépit des procédures engagées par M. Gravéia, une bonne partie des documents s'est étrangement volatilisée. Les experts découvrent surtout que Me Audinet a reçu, le 30 avril 1981, un chèque de la SNCF de 1 820 417,19 F. Ce montant était destiné à rembourser deux banques qui, durant le règlement judiciaire, c'est-à-dire pendant la durée de l'intervention du premier syndic, avaient accordé des crédits à la société pour couvrir la carence de la SNCF. Bien évidemment avec la caution de M. Gravéia. Malgré les relances de ce dernier, Me Audinet s'est refusé à honorer le remboursement des prêts contractés alors qu'il disposait des fonds à cet effet. Les deux banques n'ont eu d'autre choix que de se faire payer, en novembre 1981, sur la vente forcée de deux terrains appartenant à M. Gravéia... Inimaginable ! De la même façon, des sommes importantes effectivement réglées par des sous-traitants au deuxième syndic, au titre de commissions, ont disparu. Or, elles devaient normalement être rétrocédées à une société espagnole. C'est encore M. Gravéia qui a dû payer de ses deniers personnels ce type de détournement — pour plus de 1 million de francs ! Parallèlement, d'autres constatations réalisées par les experts laissent penser que la célérité du syndic s'est exercée à sens unique. C'est-à-dire, en l'occurrence, afin de parvenir à la liquidation de l'entreprise pour procéder à un pompage immédiat de ses actifs, et non faire rentrer de l'argent. En effet, au regard de sa créance arrêtée au jour du dépôt de bilan, une banque avait bénéficié d'un trop-perçu de plus de 1 800 000 francs. Alerté dès 1980 par M. Gravéia, Me Audinet s'est abstenu de demander le remboursement, suffisamment longtemps pour laisser passer le délai limite de dix ans. Depuis, la créance de la société sur la banque n'est plus recouvrable. Cet établissement de crédit peut remercier le syndic et même le juge-commissaire qui, par leur attitude fort complaisante, lui ont permis de faire passer en profit exceptionnel un montant de près de 2 millions de francs. La nonchalance du deuxième syndic a nettement surpassé celle du premier. Les comptes de la liquidation font ressortir des délais de trois à neuf ans avant de voir régler le prix de certains actifs vendus, soit aux enchères, soit à forfait. Il s'agit de terrains, d'immeubles et même d'un cinéma. Tout démontre que la préoccupation des syndics était très éloignée de la nécessité d'apurer le passif des créanciers au plus vite. D'importantes rentrées sont ainsi restées gelées sur des comptes dont une bonne partie, comme cela a été établi, au préjudice de M. Gravéia. La question qui se pose alors est de savoir à qui tout cela a-t-il profité. Les intérêts de ces dépôts prolongés pourraient représenter près de 1 million de francs !

L'expertise laisse enfin apparaître que les comptes de la société Doucet Lambeye présentés, en 1973, par le syndic devant le tribunal de commerce de Bordeaux, durant la période de règlement judiciaire, sont complètement faux. Ils ont été tout bonnement trafiqués pour surévaluer le passif et sous-évaluer l'actif. Le comptable mis en place par le premier syndic indiquait plus de 20,2 millions de francs de passif et 10 millions de francs d'actifs. Or, l'état réel de la situation financière de l'entreprise faisait ressortir une insuffisance d'actif de 1,7 million de francs. Ce qui était annoncé par le syndic représentait six fois plus ! Ainsi, M. Gravéia a, lui aussi, été attiré dans un infâme traquenard. La mise à mort d'une entreprise de 500 employés relève de la tricherie conçue et organisée au sein de la juridiction consulaire. La cour d'appel de Toulouse vient seulement d'ordonner, le 18 septembre 1997, la mise en examen de Me Audinet pour malversations. La suite de l'instruction permettra peut-être de savoir ce que sont devenues les diverses sommes d'argent qui ont disparu des comptes de la société en liquidation. En revanche, le premier syndic étant décédé, il sera plus difficile de découvrir où ont atterri les fonds de l'entreprise après que ces derniers eurent transité sur les comptes du Crédit lyonnais.

Une chose est évidente : il a fallu une rencontre avec un juge du tribunal de commerce et un syndic pour qu'une entreprise saine soit plongée dans les sables mouvants de la liquidation en moins de deux ans. Les magistrats professionnels sont plus lents. Ils ont mis plus de vingt ans avant de répondre aux attentes d'un chef d'entreprise. Ce dernier commence à peine à savoir, en 1997, comment et pourquoi, en 1973, il a été abattu dans son élan professionnel. La destruction qui en résulte sur le plan humain et celui de l'emploi est irréparable. La loi de 1985 a été mise en place pour lutter contre ce type de liquidation. Nous savons aujourd'hui que l'objectif n'a pas été atteint. De trop nombreux mandataires de justice n'ont rien à envier à leurs ancêtres, les syndics. Il en va de même pour les juges consulaires qui, trop souvent, se révèlent les véritables organisateurs du dépouillement des entreprises. Ils disposent pour cela d'un atout extraordinaire : la possibilité de choisir leurs complices et de ratifier les opérations décidées par avance.

CHAPITRE 16

Fort-de-France : le redressement érotico-judiciaire

Il y a longtemps Bruno Blanchard a quitté la Bretagne pour réaliser un vieux rêve : s'installer aux Antilles sous les cocotiers. La traversée de l'Atlantique lui a réussi. Son caractère de Breton opiniâtre, son tempérament de pionnier et son esprit d'entreprise l'ont conduit à développer une société de construction devenue florissante. Il est même parvenu à trouver le bonheur en épousant, en secondes noces, une jolie Martiniquaise, ancien mannequin. La beauté envoûtante de Mme Blanchard n'exclut pas, chez elle, le sens des affaires. Surtout lorsqu'on peut être soutenue financièrement par un conjoint qui a fait ses preuves. En octobre 1990, le couple constitue la SARL Lady Créole dont l'objet social concerne l'exploitation d'un restaurant dans la zone du Lamentin en Martinique. En avril 1991, Mme Blanchard devient gérante associée de la société, avec 25 % des parts. Pour Bruno Blanchard, l'amour n'a pas de prix. Une petite fortune a été empruntée auprès de deux établissements de crédit pour la réalisation d'un projet ambitieux. Le commerce a ouvert ses portes dans un optimisme qui sera de courte durée, notamment en raison de difficultés de trésorerie liées à des prêts bancaires non débloqués en temps utile. À la suite d'un dépôt de bilan, suggéré par le représentant de l'autorité consulaire à qui

Mme Blanchard a fait part du problème, le restaurant « Lady Créole » est placé en redressement judiciaire le 7 octobre 1991. La décision est officiellement prononcée par celui que Mme Blanchard avait déjà consulté : le président du tribunal mixte de commerce de Fort-de-France. Cette juridiction consulaire est dirigée par un magistrat professionnel, à l'instar d'autres départements d'outre-mer ou d'Alsace-Lorraine.

Le président de ce tribunal, Maxime Guibert, est sorti du corps des avocats avant de devenir magistrat professionnel. Ses fonctions en Martinique remontent à une dizaine d'années. Après un passage au tribunal d'abord d'instance puis correctionnel, il est nommé, en mai 1990, à la tête du tribunal mixte de commerce de Fort-de-France. À cette époque, un fringant magistrat dirigeait le parquet. En place à la Martinique de 1986 à 1990, le procureur de la République, qui avait le don des formules directes, n'avait pas hésité à rendre public le constat suivant : « La structure de traitement des entreprises en difficulté étant inexistante, j'ai voulu doter l'économie martiniquaise d'un outil de qualité. » Cette marque d'autosatisfaction est loin d'être approuvée par ceux qui, à l'instar de Bruno Blanchard, ont été confrontés aux fameux thérapeutes des entreprises malades.

Le tribunal mixte de commerce va commencer par désigner comme administrateur judiciaire Me Richard Vilanou, dont le cabinet principal se situe à Toulouse ! Le cabinet secondaire, en Martinique, est tenu par un « fondé de pouvoir », Mme Alain qui, auparavant, a été gérante d'une société déclarée en redressement judiciaire puis juge-commissaire. Dans ses fonctions aux côtés du mandataire de justice, une des grandes préoccupations de Mme Alain sera de confier la comptabilité des sociétés en redressement, tout comme celle du restaurant « Lady Créole », à la société Cogema, à la tête de laquelle figure une certaine Murielle Barbier qui n'est autre que sa propre fille. Les dirigeants des sociétés que Me Vilanou était chargé d'administrer étaient souvent contraints, pour le voir intervenir directement dans le déroulement des procédures, de faire face à ses frais de déplacement. Parfois en le remboursant en liquide mais sans reçu ! Face à Me Vilanou, Bruno Blanchard s'accroche. Il propose une augmentation de capital de « Lady Créole » et demande un plan de continuation. Pour cela, il réussit à obtenir un accord écrit de la BNP concernant un prêt bancaire. L'administrateur judiciaire, lui, ne semble guère acquis à cette cause. Il fait traîner les choses. Bruno Blanchard commence à avoir de sérieux doutes sur la procédure de redressement du restaurant. Alors qu'il se démène pour trouver une solution, il apprend, incidemment, que son épouse est, à son insu, en tractations pour la cession du fonds de commerce avec Me Vilanou, un certain Jean Olias et, curieusement, le président Guibert. Cette situation l'interpelle, jusqu'à la découverte de ce qu'il aurait eu beaucoup de mal à soupçonner et qu'il a clairement raconté à la presse locale. Les faits relatés se passent en soirée. Bruno Blanchard rentre chez lui. Les phares de son véhicule balaient une route quasiment déserte. « J'ai été surpris de voir la voiture de ma belle-sœur à cet endroit, là, en pleine nuit. Je m'approche et je vois Guibert nu dans la voiture avec ma femme. Pris de panique ils ont démarré, c'est ma femme qui conduisait. » Pour Bruno Blanchard, il n'y a aucun doute : le président du tribunal mixte de commerce est devenu, au cours de la procédure collective, l'amant de sa femme. En lui conseillant de déposer le bilan alors que rien ne l'exigeait, il s'est donné les moyens d'avoir à sa portée celle qu'il convoitait. Cette situation a de quoi alerter le mari sur la finalité des opérations qui se trament dans son dos. Il n'a pas tort.

En février 1993, il apprend, lui qui avait injecté tant d'argent dans le restaurant, que celui-ci a fait l'objet d'une cession, homologuée le 15 janvier 1993 par le tribunal mixte de commerce, présidé par Maxime Guibert, qui en cette qualité bénéficie d'une voix prépondérante. Le prix est arrêté à 320 000 F. Ce qui a été cédé valait presque dix fois plus ! La bénéficiaire s'avère être la SARL Les Jardins de Lady Créole qui ne sera constituée que le 15 mars 1993, deux mois après le jugement. Son capital de 80 000 F est détenu à 60 % par Jean Olias et à 40 % par la propre épouse de Bruno Blanchard. Jean Olias apparaît, aux yeux de Bruno Blanchard, comme un homme de paille, utilisé pour faire passer sous son nez la cession au bénéfice intégral de son épouse. Il a su, par la suite, que des parts de cession en blanc avaient été signées par Jean Olias au profit de sa femme. Il tombera des nues en découvrant, encore plus tard, que les documents constitutifs de la nouvelle société avaient été signés par le président en personne, en tant que mandataire des associés ! Compte tenu des fonds apportés dans « Lady Créole », à hauteur de 2,7 millions de francs, par Bruno Blanchard, sa reprise pour 320 000 F constitue un véritable cadeau du président Guibert à Mme Blanchard. Présenté sur écrin non moins magnifique : un fonds de caisse de l'ordre de 300 000 F ramène le prix véritable quasiment au franc symbolique. Pour l'infortuné, il n'y a pas de doute : après lui avoir volé sa femme, le magistrat cherche à le ruiner.

Le coup monté par le président, terriblement amoureux, avec la complicité de l'administrateur judiciaire va, en fait, lamentablement échouer. Aucun des deux n'avait prévu qu'avant le règlement total du prix de la cession, Jean Olias serait mis sous les verrous pour abus de confiance. Par la suite, ses sociétés sont placées en liquidation judiciaire par un tribunal de commerce métropolitain. Plutôt que de demander au tribunal la résolution du plan de cession de « Lady Créole » pour non-exécution des engagements pris, Me Vilanou semble avoir préféré mettre la clé de son étude sous la porte et se réfugier, fin 1993, à l'île de la Réunion. Pour se faire oublier. C'est du moins ce qu'il espérait.

Bruno Blanchard a de légitimes motifs pour ne pas accepter la double tromperie dont il a fait les frais. En tant qu'homme et justiciable bafoué, il décide de se battre jusqu'au bout. Le remue-ménage entrepris par cette victime ne reste pas sans effet. Peu de temps après le départ précipité de Me Vilanou, deux hauts magistrats de l'Inspection générale des services débarquent à Fort-de-France. À la suite de leur enquête sur le tribunal mixte de commerce, très remarquée dans l'île, Maxime Guibert est suspendu de ses fonctions, dès le 3 février 1994, avant d'être radié de la magistrature par mise à la retraite anticipée. Le besoin de justice du Breton Blanchard peut difficilement se satisfaire de cette seule mesure. Il dépose plainte avec constitution de partie civile, notamment pour faux, en visant dans les faits exposés, entre autres, le président devenu rival. Ce dernier en était arrivé à déambuler avec un 357 magnum pour assurer sa sécurité. Au cours d'une rencontre fortuite entre d'une part le mari, d'autre part son épouse et le représentant de la justice, des coups de feu ont même été tirés. Grâce au ciel, en l'air. Le magistrat a été surpris, une fois de plus, sans la moindre protection vestimentaire...

Le 19 juin 1997, j'ai eu l'occasion de rencontrer, dans les locaux de mon cabinet à Marseille, l'ex-président du tribunal mixte de commerce de Fort-de-France. Il avait appris que j'écrivais un livre et il souhaitait m'éclairer sur l'affaire qui l'opposait à Bruno Blanchard. Les rôles étaient étrangement inversés : l'ancien flic recevant un ancien président de tribunal qui souhaitait s'expliquer. Cela ne s'invente pas. Je l'ai donc écouté, respectueusement, durant près de deux heures. À son départ, il m'a même laissé un volumineux classeur contenant sa version des faits. C'était la sienne, pas celle qui correspondait à mon propre dossier. Je suppose qu'il en a été de même pour le juge d'instruction qui l'a fait incarcérer en fin d'année, en compagnie de Mme Alain, Mme Blanchard et d'un autre complice. Les mises en examen avaient, préalablement, été distribuées pour abus de biens sociaux, faux et escroquerie. Me Vilanou aura eu un court répit sur l'île de la Réunion. C'est entre deux policiers qu'il a été rapatrié aux Antilles pour se voir notifier, à son tour, une mise en examen. Son départ de la Réunion n'est pas passé inaperçu. En effet, il avait pris sur place la suite des dossiers du cabinet secondaire de l'équipe Sauvan-Goulletquer. Les deux mandataires de justice de Nanterre qui ont été liquidés à l'été 1997, dans le cadre d'un autre énorme scandale ! Si l'on en croit la presse locale, le remplacement de Me Vilanou semble avoir été décidé. Toutefois, en apprenant le nom retenu par les deux tribunaux mixtes de commerce de Saint-Denis et Saint-Pierre de la Réunion, on peut se demander si le choix est vraiment heureux. Il s'agirait de Me Michel Robert, de Rennes, celui qui s'est notamment illustré dans l'administration et la cession des actifs de la SVA ! et pour lequel les magistrats de Saint-Brieuc ont exercé des pressions intolérables contre Me Philippe Monnet. Dans ce département de l'océan Indien, pour rassurer les entreprises en difficulté face à la fonction de mandataire de justice, il y avait sûrement mieux à faire.

En fin de compte, Bruno Blanchard a perdu son restaurant, liquidé en février 1996 au prix de 30 000 F. Comble de l'injustice, en raison de l'extension de la liquidation des sociétés de Jean Olias, l'homme de paille de Mme Blanchard choisi par le président et le mandataire de justice. Bruno Blanchard a pourtant quelques raisons de se consoler. Grâce à son côté accrocheur et au soutien de journaux courageux, à l'exception de *France Antilles* qui a préféré continuer à flatter les vertus d'un président en pleine dérive, il est manifestement à l'origine de la mise au jour d'une grosse affaire de corruption. Or, ce qui ressort aujourd'hui ne concerne plus un redressement de société, à tendance érotico-judiciaire, mais des liquidations franchement scandaleuses. Si la justice vient de frapper un grand coup dans cette affaire antillaise, elle n'en est pourtant qu'à ses débuts. La loi du silence a été pulvérisée. Les plaintes affluent de toutes parts. Au bout de ces affaires inacceptables, il y a toujours, et à nouveau, des chômeurs. En 1992, 60 dans l'affaire du Rhum la Favorite. En 1993, 150 dans le dossier de la compagnie Air Martinique.

Comment se fait-il qu'un tel scandale n'ait pas pu éclater plus tôt ? La justice pourra peut-être s'interroger, à moins que cela n'ait déjà été fait dans des conditions discrètes, sur l'inertie du parquet qui avait pourtant matière à intervenir. Car, comme l'écrivait le journal *Antilla* en 1995, « si seulement 10 % de ce que Bruno Blanchard affirme est vrai, cela donne froid dans le dos ». Tous les clignotants étaient donc allumés sur la manière dont sont traitées, en Martinique, les entreprises en difficulté. Celui qui était chargé de contrôler les procédures collectives des dossiers du tribunal mixte de commerce de Fort-de-France avait-il, à l'époque, des choses plus intéressantes à faire ? Aux dernières nouvelles, il aurait été promu à Saint-Malo. Bruno Blanchard pourra se consoler : quand un juge non élu a fauté, comme celui de la Martinique, la Chancellerie n'hésite pas à procéder à un grand nettoyage. Dommage qu'elle ne puisse en faire de même avec les juges élus qui sont pourtant deux fois moins nombreux que les magistrats professionnels.

Quant au procureur, depuis son départ de l'île, il est en poste sur le continent. Il est difficile, sur la période antillaise, de reconnaître à ce pourfendeur de la malhonnêteté des dispositions naturelles à faire le bon choix des personnes susceptibles de protéger les braves gens. Cette fâcheuse tendance à frapper à côté de la plaque ne s'est guère améliorée. L'histoire mérite d'être rapportée.

Le 15 novembre 1994, Rubens Lévy prête de l'argent à François Goujard lequel, agent immobilier havrais, lui avait proposé de participer à une opération de réhabilitation d'immeuble, avec promesse de partager les bénéfices lors de la vente. La somme devait être remboursée en février 1995. Les relances de Rubens Lévy restent vaines. L'inquiétude du créancier n'entame pas sa curiosité. Bien au contraire, il cherche à savoir ce qu'est devenu le fameux immeuble. Surprise ! Il découvre qu'acquis le 27 mars 1995 au prix de 706 000 F, il a été revendu, le jour même, pour un montant de 1 207 000 F. C'est François Goujard qui, au départ, achète, derrière une SARL, l'immeuble grâce à des prêts, dont celui de Rubens Lévy. Pour s'en revendre une partie, sous le couvert d'une SCI, là encore avec de l'argent prêté. Apprenant que son débiteur était par ailleurs le roi des emprunts garantis par des engagements non tenus, Rubens Lévy a le sentiment de s'être fait avoir. Il dépose donc plainte pour escroquerie avec constitution de partie civile devant le doyen des juges d'instruction du Havre, le 23 octobre 1995. Une information est ouverte après paiement de la consignation fixée par le magistrat. Le 10 janvier 1996, une commission rogatoire est confiée à la police. Jusque-là, la procédure suit son train-train habituel et il n'y a rien à redire. L'anomalie intervient, le

26 février suivant, à l'occasion d'une démarche du procureur de la République. Bien que l'instruction judiciaire soit en cours d'exécution, le procureur prend des réquisitions pour décréter qu'il n'y a pas lieu d'informer sur le dossier Goujard et qu'à son sens il n'existe aucun élément d'infraction pénale. Ce type d'intervention laisse une désagréable impression, celle que l'on ressent quand on veut empêcher la justice de faire son travail de vérification, avec au bout une mise en examen ou un non-lieu. Or, tout indique que François Goujard a fait d'autres victimes que Rubens Lévy. Au lieu de soutenir l'action de la justice, le procureur la désavoue. Étonnant ! L'ancien procureur de la Martinique se trompe non seulement sur le choix des personnes mais aussi de registre. Il ne semble pas, en effet, vouloir défendre la victime mais plutôt l'auteur des faits reprochés. La chambre d'accusation de la cour d'appel de Rouen devait être de cet avis puisque, par arrêt du 6 juin 1996, elle a annulé le réquisitoire du parquet du Havre. Dans ses attendus, cette instance judiciaire en profite pour rappeler au procureur, avec les nuances qui s'imposent, les règles élémentaires de la procédure. À ce stade, la raison consisterait à ne pas en rajouter et laisser le juge finir son instruction. Eh bien non ! Le parquet général se croit obligé de prendre le relais de son procureur local en engageant, le 2 juillet 1996, un pourvoi en cassation pour bloquer l'instruction. Inouï ! D'autant qu'en décembre 1996, les charges découvertes paraîtront suffisantes pour donner lieu à l'incarcération de François Goujard. Écœurés par la situation, certains justiciables ont décidé de créer l'« Association des victimes de M. Goujard ».

Ne pas accepter cet état de fait, c'est continuer à se battre au nom des principes. C'est ce que continue à faire Rubens Lévy depuis plus de deux ans. Au départ seul, mais aujourd'hui avec beaucoup d'autres justiciables qui ont compris que, dans un tel contexte, la défense des intérêts de la société est aussi devenue leur problème.

CHAPITRE 17

Mont-de-Marsan : le foie gras est truffé d'embrouilles

Le Sud-Ouest de la France est, entre autres, connu pour son art de la table. Sur le registre hédoniste, les foies gras des Landes constituent un des atouts les plus remarquables. Ils peuvent aussi devenir un enjeu disputé. C'est du moins ce que l'un des fabricants-distributeurs les plus connus de Mont-de-Marsan a appris à ses dépens, alors que tout avait si bien démarré pour lui.

Au début des années 80, Alain Andignac est en effet un homme comblé. La SARL qui porte son nom est gérée dans une parfaite entente avec sa ravissante épouse Viviane. Ils travaillent du matin au soir pour réussir et ils y parviennent. Leur entreprise prend de l'ampleur et de la renommée. Leurs préparations sont appréciées et les conduisent à fournir de grands noms, parmi lesquels on trouve les prestigieux magasins Fauchon. En 1988, le couple envisage de pousser plus loin le développement de l'entreprise et passe des accords financiers avec un partenaire en vue d'une entrée de ce dernier dans leur capital. Il s'agit de la société Cofna spécialisée dans la distribution d'aliments pour bétail. Toutefois, à la fin de cette année-là, ce n'est pas le cours de la Bourse qui s'effondre mais celui du canard, pour cause de surproduction vendéenne. Toute la profession en souffre et la maison Andignac n'échappe pas à la crise. Le chiffre d'affaires se maintient mais des pertes se font jour. Le partenaire commence à douter de la bonne santé économique des milliers de canards de la société, dans laquelle il a déjà investi quelques fonds en compte courant. Il préfère prendre ses distances. Les Andignac, eux, veulent croire au retour de jours meilleurs. Ils ont le savoir-faire pour fabriquer des produits d'excellente qualité mais manquent de trésorerie pour affronter les mauvais coups du sort. Ils veulent persévérer et recherchent d'autres solutions pour sortir de l'impasse. Ils sont contactés par une entreprise belge, la Fargo Investment Corporation. En fait, cette entité abrite deux sociétés, l'une à Bruxelles et l'autre au Luxembourg, représentées par un certain Jean Hamilius qui deviendra l'interlocuteur privilégié pour la reprise de l'affaire.

Le 30 avril 1990, les Andignac signent un contrat dont les termes sont simples : les nouveaux arrivants apportent 4 millions de francs, se portent forts de toutes les cautions des Andignac et, en contrepartie, se réservent l'administration d'une nouvelle structure, la SA Andignac. Les deux époux, eux, prennent en charge la politique commerciale et le marketing. Alain Andignac occupe le poste ronflant de directeur général, mais aux termes de son contrat il ne dispose d'aucun pouvoir de décision ni même de contrôle. Ce sont les conditions par lesquelles il faut passer pour sauver l'entreprise. Or, les choses ne se déroulèrent pas aussi bien que les époux pouvaient l'espérer. La société luxembourgeoise accumule les retards de paiement et son dirigeant, Jean Hamilius, se révèle un canard boiteux dans le domaine de la gestion. La SA Andignac ne peut assumer les commandes en produits frais et ne fabriquera, en 1990, que des conserves. Lassé d'alerter en vain le nouveau responsable des lieux, Alain Andignac démissionne, en février 1991, de son poste honorifique pour ne conserver que sa fonction commerciale. Cette réaction n'est pas appréciée au Luxembourg. Un mois plus tard, les époux Andignac sont licenciés sans ménagements ni indemnités. Là pourrait s'arrêter l'histoire d'un couple qui est évincé de la société qu'il a mis des années à faire connaître sous son propre nom. Pourtant, ils ne sont pas arrivés au bout de l'horreur.

Le 5 septembre 1991, les véritables ennuis d'Alain et Viviane Andignac commencent à peine. Jean Hamilius dépose le bilan de la SA Andignac. Le 13 septembre suivant, le tribunal de commerce de Mont-de-Marsan ouvre à son encontre un redressement judiciaire en régime général. Les Andignac, qui ont fait confiance à la Fargo Investment Corporation, vont désormais devenir les héros d'une histoire digne des westerns les plus sombres, ceux où une petite ville du Sud-Ouest, bien que disposant de la présence d'un représentant de la loi, est mise en coupe réglée par quelques individus qui font régner la terreur. À Mont-de-Marsan, on en est toujours, comme au cinéma, à attendre le shérif qui fera triompher la loi et l'ordre. Car, n'en déplaise à l'une de ses célèbres figures locales, Henri Emmanuelli, ancien trésorier du Parti socialiste actuellement en repos politique forcé, la ville donne d'elle-même une image trompeuse. Tout comme son club de rugby qui dissimule, derrière la façade pimpante de son siège social, sa longue perdition dans les profondeurs du Championnat, elle centralise, sous une apparence cossue, une série impressionnante de dysfonctionnements, notamment au sein de sa juridiction consulaire.

Les acteurs de la procédure de la SA Andignac se mettent en place. Jean Caussade, agent général d'assurances par ailleurs, est nommé juge-commissaire. Me Marc Livolsi, unique administrateur judiciaire inscrit dans le ressort de la cour d'appel de Pau, rassemblant les départements des Landes, des Pyrénées-Atlantiques et des

Hautes-Pyrénées, se voit forcément désigné. Enfin, Me Gilles Berthé, qui fut probablement le plus jeune syndic de France, est nommé représentant des créanciers. Ce trio de spécialistes va mener son action en obtenant six mois après, le 20 mars 1992, du tribunal de commerce de Mont-de-Marsan un jugement de cession du fonds de commerce de la SA Andignac en faveur de deux particuliers, moyennant la somme de 130 000 F. Un véritable cadeau. Du temps des époux Andignac, le chiffre d'affaires était de plus de 45 millions de francs ! Cette offre l'emporte pourtant sur trois autres propositions : la première à 600 000 F, la deuxième à 700 000 F et surtout la troisième, celle de la SARL Les Salaisons du Périgord. Celle-ci non seulement a la prétention de vouloir payer ledit fonds 1 500 000 F mais, de plus, de conserver l'intégralité des 24 emplois et entend même en créer de nouveaux ! C'est probablement de mauvais goût pour ceux qui doivent choisir, car cette dernière solution est purement et simplement écartée. Tant pis pour les salariés. Le motif est simple pour ne pas dire commode : leur offre a été présentée au-delà du délai réglementaire. Difficile de s'abstenir de deux observations d'ordre général : de manière systématique, pour éliminer les propositions concurrentes qui gênent, celles-ci sont soumises à de telles conditions que seul celui qui sera informé évitera les pièges tendus aux autres ; dans un même but, la date de clôture des offres sera au contraire prorogée, lorsqu'il s'agit d'ouvrir les portes à un autre repreneur pour satisfaire des intérêts, servis la plupart du temps sous forme d'enveloppes.

À la suite de la cession du commerce de l'ex-entreprise Andignac, une société nouvelle est constituée. Outre les inconnus représentant les deux repreneurs officiels, les statuts font ressortir parmi les actionnaires une certaine société anonyme Andifin. Vérification faite, elle est représentée par Jean Hamilius, le même qui avait déposé le bilan. Les conditions de cette cession sont déjà troublantes ; à partir de là elles deviennent louches. Comme si, après avoir coupé la tête à un canard, il était possible de la voir repousser au même endroit. La réapparition du débiteur dans la reprise du fonds de commerce, déplumé de son passif, ne semble pas avoir choqué l'administrateur judiciaire, qui a pourtant la charge légale de vérifier la qualité des repreneurs.

La présence masquée de Jean Hamilius derrière cette reprise a le don d'irriter les narines de Me Berthé, qui est passé de la fonction de représentant des créanciers à celle de liquidateur de la SA Andignac. En l'état de son passif supérieur à 13 millions de francs, les 130 000 F de la cession ne font pas rêver sur les honoraires auxquels il pourra prétendre. Il présente donc une requête en résolution de plan qui vise la légèreté de l'administrateur judiciaire. Les magistrats consulaires se contentent d'ordonner la sortie de Jean Hamilius de l'actionnariat de la société nouvelle. Ils auraient pu aussi s'interroger sur la modestie du prix de cession et l'absence de circonspection dont il a été fait preuve. Ils s'en sont abstenus, tout comme le parquet. Jean Hamilius s'accroche. Le liquidateur s'énerve. Il fait donc appel. Dans la profession, tout le monde attend l'issue de l'affrontement qui se prépare, façon *Il était une fois dans le Sud-Ouest.* Les amateurs de suspens retiennent leur souffle avant de constater un revirement spectaculaire. Les armes sont rengainées. Le liquidateur ne se présente pas à l'audience devant la cour d'appel de Pau. La pression est brutalement tombée entre les mandataires de justice ennemis. Me Berthé a, en réalité, une autre idée.

Dans un premier temps, il stoppe toute tentative de mise en responsabilité ou de recouvrement de la Fargo Investment Corporation ou de ses banques, malgré des condamnations intervenues en Belgique. Dans une seconde phase, il cite le couple Andignac devant le tribunal de commerce en comblement de passif. Un des sommets de la jurisprudence consulaire est atteint. Depuis 1992, une instruction pénale est ouverte à l'encontre des époux Andignac sur une plainte de Jean Hamilius. Différents rapports d'expertise ont déjà été rendus, favorables aux Andignac puisque mettant en question la gestion des Belgo-Luxembourgeois. Les magistrats ont alors une réaction consistant à couper la poire en deux. Ils sursoient à statuer dans le cas de Viviane Andignac, le pénal tenant le civil en l'état, mais condamnent Alain Andignac, qui est pourtant dans la même situation.

Ainsi, est épargné celui qui aurait dû être effectivement poursuivi. À l'inverse, se trouve condamné à rembourser le passif de la SA Andignac celui qui n'a jamais été actionnaire de cette société et qui n'a assuré en son sein, et de façon éclair, qu'une direction générale symbolique. Le passif étant estimé à près de 14 millions de francs, Alain Andignac est aussitôt placé en liquidation à titre personnel. Le liquidateur lorgne sur ses biens immobiliers. Or, cet ancien deuxième ligne du Stade montois n'a pas l'intention de se laisser écraser dans la mêlée qu'il n'a pas provoquée. Il se défend en commençant par dresser la liste des manquements de l'administrateur et du liquidateur. Le premier a signé avec les repreneurs un bail matériellement inapplicable. Aussi, moins d'un an après la cession, la Société nouvelle Andignac déménage en emportant tout le matériel. Il s'agit d'un vol puisque ces éléments, estimés sur inventaire à 1 700 000 F, étaient fixés au sol et faisaient donc partie des actifs de la SA Andignac. Cela ne provoque aucune réaction de la part du liquidateur. Sans doute ne voit-il aucune raison de se préoccuper de ces bâtiments, pourtant évalués à 4 700 000 F, puisqu'il omet même de les assurer jusqu'en 1997. Il semblerait toutefois que ce mandataire liquidateur ait une conception personnelle de sa mission car il oubliera aussi de vendre les stocks de conserves de la SA Andignac, par nature périssables, laissant ainsi pourrir pour 3 millions de francs de stocks. Au total, c'est près de 10 millions de francs d'actifs que le liquidateur négligera de récupérer en cinq années, alors que les actifs immobiliers des époux Andignac sont loin d'atteindre ces niveaux.

Il ne faudrait pas croire que les Andignac sont les seules victimes des errements du tribunal de commerce de Mont-de-Marsan et de ses mandataires de justice. D'autres procédures, tout aussi scandaleuses, font également l'objet d'instructions pénales et paraissent avoir de bonnes chances d'aboutir. Peut-être que Mont-de-Marsan a enfin trouvé son shérif. Car, pour être un bon chasseur, il faut aussi savoir tirer, autant que possible sans se tromper de cible et sans abandonner le terrain face à ceux qui pratiquent une autre sorte de traque... Des vies de travail pourraient être sauvées. C'est ce que pensent de nombreux justiciables dans la ville, tout comme les époux Andignac qui ont, de surcroît, toutes les bonnes raisons de douter des compétences du tribunal de commerce.

CHAPITRE 18

Pau : une procédure cousue de fil blanc

Pau, capitale du Béarn, patrie du maréchal de France Jean Bernadotte et surtout du roi Henri IV, a peut-être une raison de ne pas se réclamer des exploits, quoique de niveau exceptionnel, d'un enfant du pays. Ceux de l'un de ses mandataires judiciaires, Me Pierre Courrèges, qui a su accéder à la célébrité en matière de tromperie judiciaire.

En 1990, une entreprise d'électricité du coin, dirigée par M. Cassiau, traite à forfait un important marché avec une société de promotion immobilière, la SA Le Parc des Pyrénées. Cette société est honorablement connue dans la région depuis de nombreuses années. Elle a, entre autres, mis en place un projet de construction de 106 logements à proximité de la station de ski de Luz. Bien que basée près de Lourdes, il lui sera difficile de croire au miracle après ce qu'elle a subi, à partir du moment où elle a décidé de faire travailler un M. Cassiau. Ce dernier est un petit malin, du moins pense-t-il l'être. Il sait que le promoteur est tenu à des délais de livraison stricts et que les concours bancaires ne sont pas gratuits. Il est bien placé pour le savoir puisqu'il est lui-même marchand de biens et de surcroît en concurrence directe avec son propre client, la SA Le Parc des Pyrénées. Cette dernière apprendra par la suite que M. Cassiau avait acheté un terrain pour y construire plusieurs logements à proximité de ceux dont elle avait lancé la promotion. Empêcher la SA Le Parc des Pyrénées de mener à bien son projet revenait, pour M. Cassiau, à favoriser le sien. Il entre donc en conflit avec son client au premier prétexte, portant sur des malfaçons et pénalités de retard. Le promoteur lui fait comprendre qu'il existe un contrat signé de nature à justifier ses reproches et ses exigences. Or, M. Cassiau veut jouer un vilain tour et, au lieu de reprendre son travail, décide de se venger en abandonnant sa besogne. Résultat, la société Le Parc des Pyrénées est dans la mouise. Elle doit, en catastrophe, chercher une entreprise d'électricité pour prendre la suite. Cette démarche prendra du temps et ne lui permettra pas de livrer la commande à la date prévue. Elle devra de ce fait payer des pénalités de retard.

Heureusement pour le promoteur, dans le contrat à forfait signé avec M. Cassiau il est mentionné clairement que le type de contentieux qu'il lui oppose doit être réglé dans le cadre d'un arbitrage. Autrement dit, à l'amiable. Toutefois, comme le prévoient les textes, la décision prise à l'issue de cette procédure a, après avoir été soumise au tribunal de grande instance, la même force que celle d'une décision de justice normale. L'arbitre convoque donc le représentant de la société Le Parc des Pyrénées et l'électricien, chacun avec son dossier et ses arguments. Rapidement, M. Cassiau apparaît dans le litige comme un mauvais coucheur. Il est condamné à payer au promoteur plus de 2 millions de francs à titre de dommages et intérêts, en raison du bouleversement du programme immobilier provoqué par un abandon de chantier injustifié. Il n'avait pas prévu ce retour du boomerang. En voulant placer la société Le Parc des Pyrénées en difficulté, il se retrouve lui-même dans le pétrin et n'est pas près d'en sortir. Il n'a pas les moyens de payer et va donc chercher les moyens de ne pas s'exécuter.

C'est là qu'entre en scène Me Courrèges qui, depuis 1976, intervient en tant qu'auxiliaire de justice. D'abord comme syndic puis, après la loi de 1985, comme mandataire judiciaire. Le 13 juin 1990, après avoir vainement tenté de faire annuler la sentence arbitrale, M. Cassiau va déposer le bilan et provoquer ainsi sa mise en redressement judiciaire par jugement du tribunal de commerce de Pau. Quelques jours auparavant, il aura pris soin de lancer une plainte pénale à l'encontre de l'arbitre et du promoteur pour s'en servir dans le cadre d'une demande en annulation de la sentence rendue contre lui. Me Courrèges est désigné par le tribunal de commerce en qualité de représentant des créanciers. La procédure est manifestement cousue de fil blanc, car en agissant ainsi le débiteur bénéficie de la suspension des poursuites lancées contre lui par le promoteur. En revanche, il vient d'emprunter une autre voie conduisant cette fois à une impasse plus ennuyeuse : la liquidation de ses biens personnels puisqu'il exerçait à titre individuel. C'est en principe l'issue générale dans ce genre de situation mais à deux conditions : d'abord, être dans l'impossibilité de régler le passif, ce qui est son cas ; ensuite, ne pas être de connivence avec le mandataire de justice qui doit normalement le faire plonger. Là, M. Cassiau, qui remplit théoriquement toutes les conditions pour passer à la trappe, n'a rien à craindre. Me Courrèges ne va pas ménager ses efforts pour le sortir de la panade dans laquelle il s'était lui-même fourré. Et les intérêts des créanciers ? Le mandataire de justice, qui est justement chargé de les défendre, va s'en occuper à sa manière.

Me Courrèges se joint, le 28 mars 1991, à l'action civile de M. Cassiau en vue de faire annuler, comme prévu, la sentence arbitrale. Cette action a été introduite devant la cour d'appel de Pau qui doit rendre son verdict le 23 mai 1991. Ainsi est organisée une vraie partie de poker menteur qui n'en est qu'à ses débuts. Ce n'est pas la décision de la cour d'appel qui compte pour Me Courrèges. Les chances d'annulation sont pratiquement nulles. Il est en effet difficile de remettre en cause la sentence sans éléments sérieux, incontestables et incontestés. Ce qui est loin d'être le cas. Ce qui importe au mandataire de justice est de pouvoir se référer à cette demande dans un rapport adressé au tribunal de commerce de Pau. Cela lui permet, paradoxalement, de soutenir l'homologation du plan de redressement de celui qui a déposé le bilan. À ce titre, il n'hésite pas à écrire : « M. Cassiau paraît être en mesure de pouvoir respecter ses propositions de plan de redressement si toutefois il gagne son procès contre la SA Le Parc des Pyrénées. » Le devenir de l'entreprise individuelle de M. Cassiau dépend du tribunal de commerce. Si le plan est accepté, c'est la continuation pour l'intéressé. Il gagnera ainsi beaucoup de temps avant de payer sa dette au promoteur. Si le plan est refusé, c'est la liquidation et le débiteur devra régler sur son patrimoine les créanciers, c'est-à-dire assumer les conséquences du méchant tour qu'il a essayé de jouer à la société Le Parc des Pyrénées. Il ne peut donc espérer s'en sortir que si Me Courrèges lui apporte une aide capitale. Ce dernier n'y manquera pas. Pour décider du sort de M. Cassiau, le tribunal de commerce se réunit le 22 mai 1991. Il a entre ses mains le rapport de Me Courrèges dans lequel l'intéressé a surtout occulté le fait que la cour d'appel doit se prononcer le lendemain, avec des chances sérieuses de rendre un verdict défavorable à M. Cassiau. Il a, enfin, pris soin de maintenir à l'écart de l'audience devant le tribunal de commerce le promoteur ; pourtant principal créancier, celui-ci s'est vu refuser sa désignation comme contrôleur. Ignorant la réalité de la situation, au lieu d'attendre le résultat de la cour d'appel avant de rendre son jugement, ce qui aurait été un minimum, le tribunal de commerce prend une décision sur-le-champ. M. Cassiau peut poursuivre son activité. La société Le Parc des Pyrénées n'a plus qu'à ranger sa créance au coffre. Le plan de continuation accepté par le tribunal ne prévoit pas de rembourser le promoteur puisque sa créance a été retenue pour 1 F. Grâce au procès monté de toutes pièces devant la cour d'appel de Pau ! Là, en tant que mandataire de justice censé représenter les créanciers, Me Courrèges a fait fort !

Vingt-quatre heures après le jugement du tribunal de commerce, la cour d'appel rend la décision qui ne surprend aucun des antagonistes. La sentence arbitrale prononcée contre M. Cassiau est entièrement confirmée ! De la sorte, la créance de la société Le Parc des Pyrénées passe, en une journée, de 1 F à 2 089 395,57 F. Difficile, cette fois, de continuer à masquer une réalité devenue officielle : la continuation est entièrement inexécutable. C'est pourtant le contraire que va continuer à faire croire Me Courrèges durant plusieurs mois. Il prend soin de taire le jugement prononcé par la cour d'appel. C'est donc à la société Le Parc des Pyrénées de monter au créneau, pour obtenir l'annulation de la continuation. Ce qui est décidé, le 14 avril 1992, par la cour d'appel qui réalise, à cette occasion, la tromperie du mandataire de justice vis-à-vis du tribunal de commerce. Après une vaine tentative pour retarder le cours normal des choses, M. Cassiau sera liquidé le 27 avril 1993. Me Courrèges est alors désigné en qualité de liquidateur.

On peut penser qu'une fois la combine de l'auxiliaire de justice mise au jour, ce dernier décidera de rentrer dans le rang. Cela ne sera pas le cas ! Le mandataire palois n'a pas l'intention de désarmer. Il est pourtant mandataire liquidateur et a le devoir de mettre en branle les procédures de vente des actifs du débiteur pour désintéresser les créanciers. Ce sont ses obligations professionnelles et c'est ainsi que cela se passe, sauf s'il y a connivence entre celui qui doit de l'argent et le mandataire chargé de le récupérer. Contrairement aux créanciers, Me Courrèges semble apprécier le temps qui file sans que rien ne se passe. Quatre années après la liquidation, M. Cassiau n'a toujours pas réglé ses dettes et son patrimoine n'a subi que quelques égratignures. Le juge-commissaire n'est pas gêné par cette situation. Il a même accepté, sur demande expresse du liquidateur, de surseoir à la liquidation de certains actifs du débiteur. Le motif invoqué a de quoi surprendre. Il repose, une fois de plus, sur la plainte pénale déposée en 1990 par M. Cassiau dont on ne voit pas pourquoi ni comment elle pourrait remettre en cause la liquidation. C'est sans rapport sur le plan juridique mais cela permet de gagner du temps, de manière artificielle. Sept ans se sont écoulés depuis la plainte pénale de M. Cassiau et aucune audience n'a été programmée pour juger l'affaire. Peut-être que la société du promoteur devrait s'estimer heureuse ? Il est vrai que, malgré le préjudice subi, elle n'a pas été obligée de déposer le bilan. Ce n'est pas du tout ce qu'elle pense et elle le prouve.

La société Le Parc des Pyrénées a pris le taureau par les cornes. Elle a assigné en responsabilité professionnelle le coauteur du pataquès utilisé pour lui nuire, Me Courrèges. Celui-ci a encore tout fait pour retarder l'heure des explications devant la justice. Saisie, le 14 février 1993, cette dernière a mis plus de trois ans avant de statuer. Le jugement, rendu le 11 juillet 1996 par le tribunal de grande instance de Toulouse, confirme la tromperie organisée par Me Courrèges pour faire approuver le plan de continuation de M. Cassiau et met en évidence les conséquences de la faute qui en résulte. Me Courrèges a aussitôt fait appel, histoire, une fois de plus, de voir venir. En tant qu'auxiliaire de justice il a déjà réussi, depuis sept ans, à retarder le paiement d'une créance de plus de 2 millions de francs. La société

Le Parc des Pyrénées a le droit pour elle mais se heurte à un mandataire de justice qui a décidé de s'asseoir dessus. Le parquet de Pau doit, vraisemblablement, considérer qu'il n'y a là aucunement matière à fouetter un chat. Il avait la possibilité de traduire le mandataire devant les instances disciplinaires de sa profession, il ne l'a pas fait. Me Courrèges n'a donc aucune raison de s'inquiéter. Il continuera longtemps encore à exercer tranquillement.

CHAPITRE 19

Aix-en-Provence : le jugement infernal

Lorsque je reçois, en avril 1996, dans mes anciens bureaux de la rue Paradis à Marseille, un couple de personnes âgées, accompagnées de leur ravissante fille perchée avec aisance sur sa quarantaine, je comprends tout de suite, en les dévisageant, qu'un malheur a durement frappé cette famille. Rapidement, je réalise que leur vie n'est plus un long fleuve tranquille depuis qu'un mandataire de justice a croisé leur existence.

Le rôle de la jeune femme m'apparaît rapidement évident. Elle est là pour apporter des précisions d'ordre technique sur le dossier mais surtout pour tenter, avec tendresse, de calmer son père lequel, en revivant son affaire, est incapable de juguler une colère interne qui gronde en lui depuis quatre ans. Il est difficile de ne pas comprendre ce ressentiment. L'homme, émigré d'Italie du Sud, est parvenu, après toute une vie de dur labeur, notamment en se levant très tôt le matin pour faire les marchés, à réunir suffisamment d'économies pour les investir dans l'acquisition et l'exploitation d'un restaurant implanté en bord de mer à Carry-le-Rouet, commune située à une vingtaine de kilomètres à l'ouest de Marseille. Derrière le comptoir, durant les heures de pointe, il passe ses heures creuses la truelle à la main pour agrandir et embellir les bâtiments ouverts à une clientèle saisonnière mais nombreuse. Un parking de plus de 500 places attenant au restaurant, bien que payant, règle le problème du stationnement insurmontable dans le coin. Les amateurs de plage affluent et, parmi eux, les récalcitrants au pique-nique peuvent retenir une table à l'heure des repas. Une belle affaire que le propriétaire souhaitait vendre, en raison de la fatigue liée à son âge, pour assurer ses vieux jours mais aussi ceux à venir de sa fille unique dont le rêve n'était pas de passer sa vie derrière une caisse à regarder les autres profiter des vacances.

Fin juin 1990, la cession se fait au profit d'une SARL, devant notaire, moyennant un paiement au comptant et un règlement du solde sous la forme d'un crédit accordé par le vendeur sur une durée de cinq ans. Classique. Fin décembre 1991, les problèmes commencent à poindre. La deuxième échéance du crédit est impayée. Suite à de vaines relances, le vendeur n'a d'autre choix que d'engager une procédure en vue de la résolution de la vente. Sa créance impayée s'élève à 8 millions de francs et représente les deux tiers du prix. Dans la période qui précède l'annulation judiciaire de la transaction, le vendeur va faire les frais d'une mascarade de justice. Le décor sera assuré par le tribunal de commerce d'Aix-en-Provence. Le montage sera réglé et interprété par un mandataire de justice avec la collaboration non désintéressée du gérant de la SARL. La pièce s'est jouée en quatre actes.

Premier acte. Dès le 10 juin 1992, l'acheteur se déclare en état de cessation de paiement devant le tribunal de commerce d'Aix-en-Provence pour une activité de garagiste qu'il exerce à titre individuel. Ce commerce n'a rien à voir avec le restaurant qui est géré par la même personne mais dans le cadre d'une société à responsabilité limitée. Suite prévisible, les 15 juin et 4 novembre de la même année, le garagiste est déclaré en redressement puis en liquidation judiciaires.

Le deuxième acte se déroule le 14 décembre 1992. Cette date restera sans doute celle qui aura fait basculer la vie du vendeur dans un surréalisme démentiel, non sans raison. C'est en effet le jour où le tribunal de commerce d'Aix-en-Provence prend, sur requête du mandataire liquidateur chargé de la procédure menée à l'encontre du garagiste, la décision d'étendre la liquidation personnelle du garagiste à la société qui a acquis le restaurant. Retenons que le prix n'en est toujours pas payé au vendeur, loin s'en faut. Cette mesure, juridiquement irrationnelle comme on le verra plus tard, a surtout pour objectif de servir de manière abusive à l'arrêt individuel des poursuites prévu par la loi de 1985. Ainsi, la procédure lancée par le créancier impayé à l'encontre de la SARL pour annuler la vente est purement et simplement stoppée. Ce n'est pas tout !

Au troisième acte, le rideau se lève sur la mise en évidence des conséquences de la précédente prestation du tribunal. Elle consiste à faire passer dans la liquidation individuelle du garagiste le restaurant et le parking. Autrement dit, les biens du créancier impayé pour régler les dettes personnelles de celui qui dirigeait la société débitrice !

Le quatrième acte jette un éclairage sur le comportement du représentant du ministère public chargé, comme tout le monde le sait, de défendre la loi. Il est présent à l'audience, mais s'il avait été en pleine possession de ses moyens il aurait pu empêcher le mandataire de sortir de la salle bras dessus, bras dessous avec l'acheteur, les deux compères ayant réussi un superbe coup.

La pièce semble unique dans le genre et ne paraît pas avoir été jouée ailleurs qu'à Aix. En quittant le théâtre, pour revenir au droit, le script mérite d'être revu et corrigé. La décision rendue par les juges consulaires est en tout point aberrante. En effet, le législateur a uniquement prévu l'extension de la liquidation d'une personne morale à une personne physique. Il s'agit, par ce moyen, de faire rembourser les dettes d'une société sur les biens propres de son dirigeant qui a eu tendance à confondre son patrimoine avec celui de l'entreprise dont il avait la responsabilité de la gestion.

La loi prévoit cette possibilité lorsque deux conditions sont réunies : une « imbrication d'intérêts » et des « flux financiers anormaux ». Dans un langage moins nuancé, ces deux termes traduisent respectivement la confusion des patrimoines entre ceux de la société et du dirigeant, et les malversations commises par ce dernier au détriment de son entreprise. Pour être encore plus direct, la procédure est le plus souvent utilisée contre celui qui a « tapé dans la caisse » et qui, de ce fait, est responsable de la déconfiture de sa société. Or, en lisant le jugement du tribunal de commerce, la notion d'« imbrication d'intérêts » n'est même pas abordée. Concernant les « flux financiers anormaux » retenus par la loi, il est seulement mis en avant des « fonds qui ont transité » vers la société qui a acquis le restaurant et son parking. Aucune ligne sur les montants. En outre, le tribunal de commerce s'est bien gardé de développer la moindre explication permettant de conforter sa décision. Il n'a donc pas argumenté. Il s'est limité aux dires du mandataire liquidateur faisant état des déclarations du garagiste qui, sans sourciller, aurait accepté « expressément l'extension de la procédure de liquidation dont il fait l'objet, à la SARL [...] dont il est dirigeant ».

C'est ici que la magouille se détecte. S'il est interdit à un chef d'entreprise d'avoir un compte courant débiteur dans son entreprise et de risquer, pour cela, une extension de la liquidation de la société à son patrimoine personnel, à l'inverse, il est logique et légal que le dirigeant soutienne financièrement sa société, en faisant des apports de fonds propres. Donc, rien n'empêchait le gérant de la société de mettre de l'argent personnel dans la société qui avait acquis un ensemble commercial au bord de la mer. Par conséquent, le tribunal de commerce d'Aix-en-Provence était à l'évidence dans l'impossibilité totale de s'appuyer sur la thèse des « flux financiers anormaux » pour justifier l'extension de la liquidation judiciaire d'un garagiste, personne physique, à une société représentant une personne morale. L'arnaque est consommée. Et pour cause !

Le mandataire de justice s'est ainsi donné les moyens de faire main basse sur le restaurant et son parking. Point n'est besoin de tourner dans tous les sens le système bricolé par l'instance consulaire pour réaliser que, dans les faits, les biens du créancier, bien qu'impayés, sont, sur une apparente décision de justice, introduits dans un circuit pour être utilisés au paiement des dettes personnelles du débiteur. De l'inédit ! Si la combine avait été légale, on pourrait évidemment plaindre celui qui a travaillé toute une vie pour en arriver à devoir, à cause du « jugement » d'un tribunal de commerce, payer sur son propre patrimoine immobilier les dettes personnelles du dirigeant de la société qui lui doit de l'argent, beaucoup d'argent. Si telle avait été la volonté du législateur qui, en la circonstance, aurait fait preuve d'une regrettable étourderie, on serait même tenté de reconnaître le culot du débiteur et de son mandataire de justice qui, avec un sens moral des affaires peu commun, ont tout de même osé mettre à exécution ce type de loi. Ce n'est heureusement pas le cas. La combine dont a été victime celui qui a cru sa vie durant en la justice de son pays d'adoption est manifestement frauduleuse. Elle l'est d'autant plus que le garagiste paraît, lui, être resté, dans les temps qui suivirent sa propre liquidation, propriétaire de certains biens immobiliers qui, curieusement, avaient été épargnés par le mandataire de justice.

Aujourd'hui, le restaurant est fermé et les bâtiments

sont à l'abandon depuis plus de trois ans. Le parking fonctionne, en revanche, à plein rendement durant les périodes estivales. L'époux d'un des avocats du mandataire de justice en assurerait la gestion... J'ai dû m'impliquer lorsque le père en est arrivé à imaginer que la « seule solution » consistait à régler cette situation insupportable avec un fusil. Il n'admettait pas que le fruit d'une vie de sacrifices ait pu être détourné dans de telles conditions. J'ai pu le ramener à la raison. Je lui ai exprimé mon soutien en lui préparant une plainte pénale à l'encontre du liquidateur et du débiteur. Elle existe et sera peut-être un jour utilisée, sur la base du recel de l'escroquerie au jugement, si les recours civils devant les magistrats de la cour d'appel d'Aix se révélaient vains. Il fait encore confiance aux magistrats professionnels, plus du tout à ceux du tribunal de commerce. D'ailleurs, s'il a lu le journal *Var Matin* en décembre 1997, il aura quelque raison de recommencer à espérer. On y apprend qu'un mandataire de justice vient d'être mis en examen pour « complicité d'escroquerie » dans une grosse affaire toulonnaise concernant des cessions de fonds de commerce truquées. Son épouse aussi et pour le même délit, et bien entendu également en tant que mandataire de justice. Tout comme le couple Martin de Périgueux ! Certes, les auxiliaires de justice du Midi vont, pour continuer à exercer longtemps encore, se réclamer de leur fameuse présomption d'innocence. Faculté dont a été privé l'ex-restaurateur de Carry-le-Rouet qui, à la suite d'une seule audience du tribunal de commerce à laquelle il n'avait surtout pas été convié, s'est vu privé en quelques minutes du patrimoine constitué durant toute une vie d'efforts et de sacrifices. Il n'avait commis aucun délit. Il a seulement été victime d'une escroquerie au jugement, organisée avec le concours d'un mandataire de justice. Et, de cela, on se remet difficilement. Il faut énormément de temps pour rétablir l'ordre des choses. À Bordeaux, le chef d'entreprise a dû se battre durant un quart de siècle. Espérons que cette nouvelle victime aura plus de chance. Elle a déjà plus de 70 ans !

CHAPITRE 20

Draguignan :
le casque fait perdre la tête au juge

Il existe, en France, une enceinte consulaire où, parfois, les règles les plus élémentaires du droit et de la procédure se dissolvent dans l'antimatière : celle du tribunal de commerce de Draguignan. C'est du moins ce que mon cabinet a eu la surprise de constater, quand il a traité le dossier GPA international.

Beaucoup de monde connaît les casques GPA. C'est pourquoi lorsque, en 1991, son PDG Michel Finquel propose de céder la quasi-totalité de son activité installée au Luc, dans le Var, cela ne peut qu'intéresser Adrien Gallet. Héritier d'une entreprise familiale créée en 1860, il a, pour sa part, parfaitement su diversifier sa société. Leader européen, notamment du casque de sécurité et fournisseur de la police, des pompiers et des fameux « casques bleus » de l'ONU, la société Gallet emploie près de 270 personnes à Châtillon-sur-Chalaronne, dans l'Ain. Pour sa part, la société GPA est en perte de vitesse. Depuis 1988, elle est soumise à un plan de continuation homologué par le tribunal de commerce de Draguignan pour une durée de dix ans. Ont été nommés, comme administrateur judiciaire, Me Jean-Pierre Grossetti et, en tant que représentant des créanciers puis commissaire à l'exécution du plan, Me Mireille Massiani.

Le 25 novembre 1991, la société Gallet signe un protocole pour l'achat à GPA de la partie principale du fonds de commerce, comprenant notamment la clientèle, la marque, les brevets, les moyens de fabrication et les stocks. Le tout pour 17,5 millions de francs, dont une majeure partie réglée par des billets à ordre échelonnés dans le temps. En sus, il est prévu que la société Gallet verse à GPA, chaque année et jusqu'en 1999, des royalties sur les ventes de ses casques, mais uniquement dans le cas où le chiffre d'affaires dépasserait le montant de 27,8 millions de francs. Très prudent, l'acquéreur prévoit dans son contrat des conditions suspensives qui doivent être levées au plus tard le 31 décembre 1991. Entre en scène Me Massiani qui, en dépit des vérifications non achevées, presse habilement la société Gallet de passer à la caisse, en vue de renflouer, du moins en toute logique, celle des créanciers de GPA. La reprise est donc effectivement réalisée sans que l'acquéreur ait eu tout le temps de vérifier ce qui se cache réellement sous la robe de la mariée. La lune de miel sera de courte durée.

Rapidement, la société Gallet s'aperçoit qu'elle a été flouée. On lui a menti sur de nombreux points. Les stocks de casques, mis en dépôt-vente par GPA auprès des distributeurs, sont deux fois plus importants que ceux annoncés avant la cession. D'où le faible montant du chiffre d'affaires enregistré au sein de Gallet, excluant de ce fait le règlement des royalties. La société était ainsi confrontée à une sorte de concurrence déloyale qu'elle ignorait. Les bilans ont été astucieusement accommodés de fausses factures pour faire croire à une activité en pleine expansion, alors que celle-ci se trouvait en sérieuse régression. L'outillage prévu pour la fabrication des casques GPA se fait attendre. Enfin, concernant les brevets, le nouveau propriétaire n'en a toujours pas vu la couleur. Bref, de quoi se demander par quels énergumènes les comptes de la SA GPA étaient établis et contrôlés. Enquête faite, l'expert-comptable de

GPA, inscrit à Aix-en-Provence, devait être fâché avec les chiffres. Il est passé par une liquidation judiciaire dans le cadre de la gestion d'une entreprise de panification industrielle. Le miracle de la multiplication des pains ne s'est pas reproduit. Le commissaire aux comptes était probablement dans les mêmes dispositions comptables. En se consacrant par ailleurs, lui aussi, à la direction d'une société, Psy Conseil, il a été frappé d'une interdiction de gestion durant dix ans.

Des actions auprès du tribunal de Bourg-en-Bresse sont donc engagées, dès 1992, par le dirigeant de la société Gallet. La compétence de cette juridiction a été prévue par l'acte signé avec la société GPA. Le repreneur entend ainsi se prévaloir des vices qu'on lui avait volontairement cachés en demandant notamment la désignation d'un expert. En matière d'argent, les gens de la Bresse ne plaisantent pas. Ils sont connus pour leur pondération et leur prudence. Les magistrats consulaires appelés à statuer rendent donc des ordonnances dans ce sens. Ils nomment un expert et interrompent le paiement en ordonnant la séquestration des billets à ordre, à venir, mis en circulation par Gallet. C'est une façon, pour les juge du pays, de vérifier si cette dernière ne va pas payer quelques banals poulets aux hormones au prix d'une basse-cour élevée au grain. Cela ne fait évidemment pas l'affaire de Michel Finquel, le dirigeant de GPA, qui pensait se refaire grâce à sa petite arnaque. Très bien épaulé par un conseil que rien ne semble pouvoir arrêter, même pas le droit, il va modifier les règles du jeu en se retournant vers un autre partenaire, le tribunal de commerce de Draguignan. Les magistrats de ce coin-là ne sont, en revanche, pas connus pour leur modération et leur circonspection. Dans le cas du contentieux Gallet-GPA, les juges varois prennent des décisions qui annulent purement et simplement ceux de leurs confrères bressans. Or, en France, lorsqu'on est mécontent d'une décision de justice, on va se plaindre à une autorité supérieure à celle qui l'a rendue. En agissant comme ils l'ont fait, les juges consulaires de Draguignan se sont tout simplement substitués aux magistrats professionnels de la chambre commerciale de la cour d'appel de Lyon qui, seule, était en la circonstance habilitée à vérifier la compétence du tribunal de Bourg-en-Bresse. La société Gallet sent que la situation n'est pas nette et s'attend à des décisions encore plus fantaisistes. Elles ne tarderont pas à venir. Contre toute cohérence juridique, le tribunal de commerce de Draguignan prend ouvertement le parti de GPA, sans même se donner la peine de relire le contrat initial. Ainsi, entre juillet 1993 et octobre 1995, sont prises des décisions contraires à celles des premiers juges. Les billets à ordre sont remis en circulation. L'expert de Bourg est remplacé par un autre et, surtout, la société Gallet se voit condamnée à payer, en dehors de 17,5 millions de francs, objet du désaccord, un surplus de 42,5 millions de francs ! Ce montant concerne des stocks pourtant non livrés et surtout les royalties, non dues, pour près de 40 millions de francs. Sur ce dernier point, le chiffre d'affaires n'avait jamais atteint les seuils fixés pour le calcul du paiement. À terme échu, les redevances n'étaient donc pas dues. Sur des périodes non arrivées à échéance, la question du calcul ne se posait même pas. Le tribunal n'en a que faire. Même si rien n'est dû, il a le pouvoir de demander et d'imposer. L'arnaque dans toute sa splendeur avec l'*exequatur* de la justice consulaire ! Voilà pour le côté cour.

Côté jardin, le constat est encore plus inquiétant. Les décisions des juges dracenois tombent à pic pour tenter de préserver, dans l'ombre, une entourloupe antérieure. Les billets à ordre, initialement émis à l'ordre de Me Massiani, ès qualités de commissaire à l'exécution du plan et qui représente aussi les intérêts des créanciers, avaient, au mépris de la décision du tribunal de Bourg-en-Bresse, déjà été encaissés pour une part au profit de la fille du dirigeant de GPA et d'une SCI derrière laquelle on retrouve ce dernier. Pour parvenir à ce détournement, Michel Finquel avait combiné de céder à sa fille son compte courant dans GPA, qui s'élevait à 3,7 millions de francs. Un joli cadeau pour une jeune fille à peine âgée de 18 ans ! Il est vrai que la transaction s'est réalisée avec le consentement de l'avocat de Mlle Finquel et celui de GPA, la société dirigée par Michel Finquel. Cet accord surréaliste, intervenu sous l'œil ô combien complaisant du tribunal du commerce de Toulon, s'est concocté entre deux avocats du barreau de la même ville qui exercent dans le même cabinet. Difficile de faire autrement quand on est associé ! Saisi à la suite d'une plainte de Gallet, le juge d'instruction a tenté de mettre fin à cette mascarade de justice consulaire en rappelant aux principaux acteurs de ce détournement de fonds d'une société en difficulté l'existence d'un code pénal. Il existe dans le Var comme ailleurs, il suffit de vouloir le lire. Ainsi seront mis en examen, en avril 1995, les consorts Finquel père et fille, ainsi que Me Massiani. Ce mandataire de justice, comme il en a le droit, s'est fait assister par un avocat. Celui qu'il a choisi ne sera autre qu'un de ceux de GPA. La boucle est bouclée.

Le cauchemar de la société Gallet durera presque quatre ans. La cour d'appel d'Aix-en-Provence a infirmé, le 12 décembre 1996, la décision du tribunal de commerce de Draguignan qui avait « dessaisi » celui de Bourg-en-Bresse à son profit. L'affaire est renvoyée devant la cour d'appel de Lyon, la seule à devoir intervenir dans ce litige. Il est à noter que la cour d'appel d'Aix-en-Provence a relevé l'incompétence du tribunal de commerce de Draguignan « dans toutes ses dispositions ». Élégante manière pour des magistrats professionnels d'attribuer un zéro pointé à des magistrats consulaires. Ce genre de fin est assez rare pour être soulignée : le tribunal de commerce de Draguignan a perdu, mais, pour une fois, près de 300 salariés n'ont pas eu à pointer au chômage.

Michel Finquel a, quant à lui, été rappelé à l'ordre par le tribunal correctionnel de Draguignan qui, le 22 janvier 1998, l'a condamné à un an d'emprisonnement avec sursis et 300 000 F d'amende pour abus de confiance et escroqueries dans l'affaire des billets à ordre endossés au profit de sa fille et au préjudice des créanciers. Le mandataire de justice, également poursuivi pour abus de confiance dans le même dossier, a, purement et simplement, été relaxé.

La fille de Michel Finquel a, pour sa part, bénéficié d'un non-lieu. Elle avait déclaré tout ignorer des agissements de son père.

CHAPITRE 21

Saint-Tropez : la cité où l'aveugle est roi

Impossible d'aborder les dérives des tribunaux de commerce dans le Midi de la France sans faire une petite halte à Saint-Tropez. Brigitte Bardot n'est pas la seule star du lieu ; toutes proportions gardées, Claude Ribes, née Lardon, a conféré à la juridiction consulaire tropézienne une célébrité dont celle-ci se serait bien passée.

Originaire de l'Est de la France, Claude Ribes est arrivée au début des années 70 pour faire les vendanges au Domaine de La Bastide blanche, à Ramatuelle, dans le Var. Elle n'en est plus repartie. Elle s'est liée avec son employeur, Marius Brun, qui est issu d'une vieille famille d'agriculteurs, propriétaire de nombreux hectares dans la presqu'île de Saint-Tropez. Elle avait 25 ans, lui la cinquantaine. Il y a des rencontres qui ont le don de chambouler une vie paisible de paysan : c'est ce qui s'est passé pour Marius Brun. Il avait, jusque-là, géré son patrimoine en bon père de famille. Les affaires qu'il a été conduit à réaliser avec son amie sont à l'origine de ravages qu'il n'est peut-être pas près d'oublier, s'il a encore la force d'y penser.

À l'époque, Claude Ribes est jeune, belle et il ne lui manque que la richesse. Ce handicap sera surmonté grâce à Marius Brun. Claude Ribes a dès lors les moyens de mener grande vie dans les palaces de la Côte d'Azur et de disposer de véhicules haut de gamme. Elle dépense sans compter, jusque dans les casinos. À Saint-Raphaël, on se souvient qu'elle a laissé, en une soirée, 1 million de francs sur le tapis vert. Elle fréquente aussi des personnages qui ont fait parler d'eux sur un autre registre. Comme, par exemple, M. Jouve, ancien footballeur reconverti dans les affaires et que j'avais personnellement rencontré dans le dossier des fausses factures du casino d'Hyères, alors que j'étais en fonction à la PJ financière de Marseille.

En 1988, est acquise la SA Domaine de La Croix, implantée à La Croix-Valmer, un très bel endroit de la région varoise. À cet effet, Claude Ribes s'entoure du concours d'un ex-commissaire aux comptes reconverti dans l'exploitation d'une boîte de nuit à Saint-Tropez : « L'Aphrodisiaque ». Affaire qui manquera de stimulation puisqu'elle finira en liquidation judiciaire. Cela n'empêche pas l'ancien commissaire aux comptes, qui officiellement habite Genève, de conseiller Claude Ribes. Ainsi sera créée la holding SA Australia pour reprendre la SA Domaine de La Croix. La mère de Claude Ribes, modeste veuve d'un mineur de Saint-Étienne, interviendra comme présidente de ladite holding. Pour se débarrasser de l'ancien directeur du Domaine de La Croix, Claude Ribes croit bon de faire appel aux services d'un ex-flic. Les arguments utilisés par ce dernier ne devaient pas relever de la simple plaisanterie puisque le tribunal correctionnel de Draguignan les qualifiera de menaces et infligera à l'homme de main une peine de prison d'un an ferme.

À partir de 1990, la coûteuse dolce vita de Claude Ribes finit par provoquer des ennuis financiers conséquents. Marius Brun était habitué à voir entrer sur ses terres uniquement des paniers remplis de raisin. La situation va changer radicalement. Plusieurs dizaines de contrôleurs des impôts débarquent un jour dans les domaines de La Bastide blanche, de La Croix et même des Couzes à Grimaud : celui-ci appartient à un maire-adjoint de ladite commune mais Claude Ribes en est devenue « fermière ». Fin 1991, le couple Brun-Ribes est contraint au dépôt de bilan du domaine de La Bastide blanche devant le tribunal de commerce de Saint-Tropez, qui prend les choses en main d'une façon pour le moins surprenante. Par un jugement du 30 janvier 1992, Me Michèle Leray est désignée en qualité d'administrateur du redressement judiciaire de La Bastide blanche. Le passif déclaré est alors de l'ordre de 65 millions de francs. De toute évidence, ce niveau de dettes dépasse largement les actifs des débiteurs. Vu la marge que laisse l'exploitation de la vigne, un plan de redressement est difficilement envisageable. Cela n'empêche pas l'administrateur de proposer un plan de continuation que le tribunal entérine sans sourciller. En dépit des engagements pris par Claude Ribes, l'activité de ce domaine se poursuit sans qu'aucun règlement soit opéré au profit des créanciers. C'est du moins ce qui ressort du dernier pointage opéré à la fin de l'année 1995. Ni le mandataire de justice ni le tribunal de commerce n'ont trouvé la chose anormale. Aucune réaction n'a par ailleurs été enregistrée lorsque le fils de Claude Ribes reprend à son compte le fermage de La Bastide blanche placée en redressement judiciaire. Il faudra attendre une assignation de la Mutualité sociale agricole auprès du tribunal de grande instance de Draguignan, en 1996, pour que le fils Ribes soit lui-même placé en redressement judiciaire.

Quand, en dépit d'une procédure collective, on peut se dispenser de régler ses dettes personnelles avec la bénédiction des tribunaux de commerce ou celui du mandataire de justice, il n'y a aucune raison de reculer. Ainsi est créée, pour la commercialisation des vins des domaines, la SA Tropez dont la présidence est assurée par le fils de Claude Ribes. Cette nouvelle entreprise a pour commissaire aux comptes un personnage qui a la particularité d'être un ami du conseiller de Claude Ribes et de s'accommoder d'une certaine forme de cécité. Cet homme de l'art, âgé il est vrai, ne verra pas, par exemple, qu'une SARL Provence Développement, constituée, en 1992, à Paris, a pour rôle principal de prendre en charge les salaires de la SA Tropez. Il ne s'attarde pas sur le fait que les factures adressées en contrepartie à la SA Tropez ne sont pas payées mais permettent quand même à celle-ci de récupérer la TVA. Avec de telles méthodes, la SARL Provence Développement ne peut espérer longue vie. Son sort sera effectivement réglé, en 1994, moins de deux ans après, par une liquidation judiciaire avec une ardoise de 2 millions de francs, essentiellement constituée au préjudice du Trésor public et des organismes sociaux. Aucune extension de cette liquidation ne sera pourtant soulevée par le mandataire liquidateur de Paris, alors même que le dirigeant de la SARL Provence Développement est également administrateur de la SA Tropez bénéficiaire des détournements.

Claude Ribes et son conseiller voient sans doute là une sorte d'encouragement à persévérer. Ils ne sont pas pris au dépourvu et substituent à Provence Développement une autre société, la SARL Orion Sud, immatriculée en juin 1993 à Marseille. Elle durera jusqu'en octobre 1995, date à laquelle elle est liquidée, laissant un nouveau passif de 3 millions de francs, toujours au préjudice du Trésor public et des organismes sociaux. Le liquidateur ne s'interroge même pas en constatant que les salariés de cette société marseillaise étaient tous domiciliés à Saint-Tropez. La vie est belle pour Claude Ribes. Après Provence Développement puis Orion Sud, et toujours pour « résoudre » le problème des charges de la SA Tropez, il y aura Caliente dans la région de Montpellier. Le commissaire aux comptes de la SA Tropez n'a rien dû comprendre, car si tel avait été le cas, il aurait été contraint de révéler les faits au parquet compétent à Saint-Tropez.

Difficile pourtant, face à un tel système, de ne pas réaliser la supercherie. Surtout quand on est également commissaire aux comptes du Domaine de La Croix. Un examen, même superficiel, des comptes lui aurait donné une meilleure idée des conditions de gestion de Claude Ribes. Il aurait évidemment noté que la carte bancaire de la société servait à régler ses notes personnelles et aussi celles de sa mère qui, en 1995, s'était fait poser un appareil dentaire pour un montant de 100 000 F. Ajoutons que la SA Domaine de La Croix s'est également vue privée de quelques-uns de ses terrains pour permettre à Claude Ribes de faire face au règlement de ses dettes personnelles et que cela n'a choqué personne.

Malgré les pratiques employées pour « alléger » ses charges, la SA Tropez est assignée par l'Urssaf, tandis que le fisc se lance dans la saisie des comptes pour un problème de TVA non réglée. Il y a le feu dans la maison consulaire et, cette fois, le tribunal de commerce se sent obligé de réagir. Il désigne un juge pour vérifier la situation de SA Tropez tenue en sous-main par Claude Ribes. Le magistrat se contente des explications de cette dernière. Il ignore donc que le passif de la SA Tropez a, en réalité, été supporté par trois autres sociétés dont deux ont été déclarées en liquidation judiciaire. Il est enfin intéressant de constater que le conseil d'administration de la holding SA Australia est désormais uniquement composé de personnes physiques qui font l'objet d'une procédure de redressement judiciaire à titre personnel ou qui sont les gérants de sociétés déclarées en liquidation.

La mansuétude du tribunal de commerce de Saint-Tropez face à Claude Ribes a de quoi interloquer ceux qui ont eu à souffrir des excès de la juridiction consulaire. Malgré son caractère impossible, le plan de continuation du Domaine de La Bastide blanche a été accepté. En dépit du fait qu'il n'est pas respecté, il est maintenu. Ses dettes, pourtant d'un niveau important, restent impayées, ce qui ne contrarie personne. Claude Ribes poursuit par ailleurs ses activités dans des conditions contestables et cela est accepté par tous. Ainsi fonctionne la justice consulaire à Saint-Tropez. Son président est un entrepreneur de travaux publics dont l'entreprise déverse des terres d'excavation de ses différents chantiers sur les terrains de la société Domaine de La Croix. En 1995, la nouvelle municipalité de La Croix-Valmer est intervenue avec vigueur pour que cesse ce procédé prohibé. En vain. Claude Ribes n'a donné aucune suite à la demande du maire. L'entrepreneur-président n'a donc rien à craindre pour ses déchargements. Claude Ribes non plus pour son redressement judiciaire, qui dure contre toute logique. Il n'y a que les créanciers qui commencent vraisemblablement à trouver le temps long.

CHAPITRE 22

Cannes : un piège d'enfer

Lorsque, à l'automne 1997, Thierry Picolo est venu me raconter son histoire, preuves à l'appui, il m'a fallu du temps pour vérifier, pièce par pièce, tous les éléments du piège subtil qui s'est refermé sur lui. En janvier 1985, l'intéressé se lance dans des opérations immobilières à Cannes. Il achète ou construit des bâtiments en vue de leur revente par lots. Parmi ses projets figure celui qu'il a entrepris au sein de la SNC Cannes Estérel, dont le nom évoque le terrain qui lui appartient et sur lequel il entend édifier trois immeubles. Le permis de construire a été accordé par la municipalité le 13 juin 1989. Pour financer la construction du premier bâtiment à usage commercial, la société Cannes Estérel a emprunté, en janvier 1991, 40 millions de francs auprès de quatre banques. En garantie, les époux Picolo ont apporté leur caution et le terrain a été hypothéqué. Le schéma est classique et toutes les conditions réunies pour le démarrage des travaux. Ceux-ci sont en voie de réalisation lorsque se déclenche la première séquence du traquenard.

Le 5 juillet 1991, par décision du conseil municipal de Cannes, le terrain se trouve inclus dans une zone d'aménagement concertée, une ZAC. Le 9 juin 1992, le responsable de l'urbanisme, sur délégation du maire, prend un arrêté pour interrompre les travaux, obligeant ainsi Thierry Picolo à déposer un modificatif au permis accepté trois ans plus tôt. À partir de là, le promoteur est engagé dans un véritable parcours du combattant. Comme il est tenace et ne désespère jamais, il surmonte chaque obstacle, même s'il doit faire les démarches deux fois plutôt qu'une. Il pense être parvenu au bout de ses peines lorsqu'il obtient, notamment, l'agrément réitéré de l'architecte des bâtiments de France et de la Direction départementale de l'équipement. Le 9 mars 1994, il a l'assurance que le permis modificatif a reçu l'avis favorable de la commission d'urbanisme et que le dossier est à la signature chez le maire. Compte tenu des sommes empruntées, de l'impossibilité de terminer les travaux de l'immeuble avant de pouvoir le revendre, la situation financière de Thierry Picolo est devenue très délicate. Enfin, il aperçoit le bout du tunnel. Que nenni ! Une nouvelle visite de chantier est ordonnée par la commune, sans ordre du jour particulier. Le promoteur prend conscience qu'il est mené en bateau. Son pressentiment se vérifie le 28 juillet 1994, lorsqu'il se voit notifier un refus pour la reprise des travaux. Les raisons affichées reposent sur des points nouveaux, complètement étrangers à ceux débattus lors des multiples réunions de travail sur le dossier déjà tenues à la demande de la ville. Le doute n'est plus permis, inutile de chercher des solutions techniques tant que n'aura pas été découvert le « lézard » qui rend impossible tout dénouement en sa faveur.

La seconde phase du piège a consisté à placer le promoteur en difficulté financière. L'opération a été rondement menée puisque les représentants de la municipalité cannoise l'ont, petit à petit, acculé. Dans cette impasse intervient Christian Guilbert, dont Thierry Picolo apprendra, trop tard, la vraie nature. Ayant refusé de donner suite à une promesse de vente des actifs de

Cannes Estérel, après avoir constaté l'usage d'un faux document, il apprend en effet que Christian Guilbert représente en réalité L'Immobilière de Bergues, qui prétend racheter le bâtiment en cours de construction et le terrain pour un montant de plus de 65 millions de francs, alors que le bien, sans l'intervention de la mairie, valait près de 120 millions. En poussant plus loin ses recherches, Thierry Picolo réalise que c'est la Sobi qui finance le rachat. Or, c'est justement la Sobi qui est à la tête du pool des quatre banques auprès de qui il avait emprunté l'argent destiné à financer son programme de Cannes Estérel. Un groupe d'intérêts puissant s'est donc manifesté, après l'obtention de son permis en 1989, pour empêcher la réalisation du projet et n'a pas hésité à utiliser les grands moyens pour tenter de récupérer ses biens. La principale de ces banques prêteuses, pour rester seule créancière et lancer son attaque derrière l'écran Guilbert-Immobilière de Bergues, a même désintéressé les trois autres banques. En d'autres termes, en remettant en cause le permis de construire de Thierry Picolo, la mairie de Cannes a porté aide et assistance à un partenaire qui, pour l'instant, reste masqué. Lorsque le dossier est évoqué devant le tribunal administratif, le terme de trafic d'influence est utilisé pour expliquer le refus opposé à Thierry Picolo par la municipalité de Cannes.

Le refus de céder du promoteur contraint ses adversaires à actionner un troisième levier : le tribunal de commerce d'Antibes. Thierry Picolo est assigné par deux créanciers. Il pense régler le problème en les dédommageant. Il lui a fallu vendre une partie de ses biens à Christian Guilbert, mais moins que cela ne valait et suffisamment pour passer le mauvais cap de la mairie de Cannes. Il a cédé un immeuble dont le solde du prix, devant lui être versé selon acte notarié au 16 août 1995, permet de régler ses dettes. C'est ce qu'il annonce au tribunal de commerce d'Antibes lors d'une audience tenue le 7 juin 1995. Le tribunal écoute et n'a d'autre choix que de lui fixer un rendez-vous au 15 octobre suivant. Le redressement judiciaire personnel de Thierry Picolo est suspendu à l'exécution de ce règlement. Seulement voilà, Christian Guilbert a un autre contrat à remplir. Il lui faut trouver un moyen de remettre en cause son paiement. Il va trouver la solution en se retranchant derrière une prétendue formalité non remplie à la suite de l'acquisition du bien immobilier. Et qui lui fournit *in extremis*, le 16 août 1995, cette porte de sortie providentielle ? La mairie de Cannes !

Bien défendu par ses avocats, Thierry Picolo parvient à gagner un peu de temps. Aussi le tribunal de commerce d'Antibes se risque-t-il à donner un petit coup de pouce à la municipalité en tentant d'ordonner prématurément la réouverture des débats sur le redressement judiciaire. Les robes noires s'appuient sur des « éléments nouveaux » dont elles auraient eu « connaissance par le procureur de la République ». Thierry Picolo, qui veille au grain, fait avorter la cabale en se précipitant au greffe pour vérifier la réalité desdits éléments. Il fait remarquer que son dossier est vide et prend ainsi de court ceux qui veulent sa mort économique. Échaudé, le tribunal de commerce est contraint d'adopter une stratégie moins voyante. Il accepte les reports d'audience sollicités par le justiciable irréductible. En février 1996, le terrain de la société Cannes Estérel n'a toujours pas changé de propriétaire.

Pour mettre un terme au feuilleton, le parquet de Grasse, sortant de sa léthargie habituelle dans ce genre de dossier, monte au créneau et prend des réquisitions de mise en redressement judiciaire de Thierry Picolo. Cette fois, le tribunal de commerce est couvert mais pas très à l'aise. Picolo remue ciel et terre pour dénoncer la magouille dont il est victime. La sentence est prononcée le 24 mai 1996, dans le sens voulu par le parquet. Elle est toutefois subordonnée au résultat du recours administratif exercé par Thierry Picolo pour le permis de construire qui lui a été accordé puis retiré.

Durant ce répit de courte durée, le promoteur parvient à boucler son enquête et à identifier le groupe d'intérêt qui brigue son terrain. Omniprésent à Cannes et dans les sociétés créées par la ville à partir de 1989, ce groupe a déjà investi beaucoup d'argent dans l'attente de la concession de la fameuse ZAC votée par le conseil municipal en 1991. Il s'agit de la Compagnie générale des eaux (CGE) et de sa filiale, la Compagnie financière Phénix, dont les liens financiers avec la commune ne sont plus un secret. C'est donc un dossier sérieusement ficelé que Thierry Picolo transmet, le 16 septembre 1996, au doyen des juges d'instruction dans le cadre d'une plainte avec constitution de partie civile visant, entre autres, le trafic d'influence.

Rares sont les journalistes qui ne sont pas parvenus à établir le fil des participations qui unissent le groupe CGE et certaines des sociétés de Christian Guilbert. Ce dernier est aussi présenté par eux comme un ami de Michel, non pas Michel Mouillot le maire de Cannes, mais Rocard, l'ancien Premier ministre. Son nom est apparu dans l'affaire des fausses factures d'Agri-Froid à Vannes. Dans une autre, il se serait fait pincer pour 350 tonnes de bœuf congelé qui, au lieu d'être acheminées de Saint-Nazaire vers la Russie et bénéficier du prix réduit déclaré à l'administration, auraient été livrées au Mans avec un profit non négligeable de 2 millions de francs. Dans ce petit monde des affairistes, les tickets d'entrée sont distribués avec prudence. Ainsi, dans les sociétés montées par Christian Guilbert, on retrouve aussi Alain Jausselme qui, si l'on en croit *Le Canard enchaîné*, serait l'un des rédacteurs de la fameuse loi de 1985 sur le redressement et la liquidation judiciaires ainsi qu'un grand ami de Bernard Tapie. On trouve par ailleurs dans ce milieu « branché », aux côtés de Christian Guilbert — désigné dans l'ouvrage de François d'Aubert *Main basse sur l'Europe* comme une sorte de « Tapie du froid » —, un magistrat important du tribunal de commerce de Paris !

Pour une fois, et cette situation exceptionnelle mérite d'être soulignée, le pot de fer n'écrabouille pas le pot de terre. Du moins pas encore. Thierry Picolo se bat. Sa vie aujourd'hui se résume à une lutte pour s'extraire des mâchoires des crocodiles. Il se démène pour se protéger de l'attaque menée par de nouveaux assaillants, les mandataires de justice de Marseille mis en piste, de manière assez incroyable, par le tribunal de commerce d'Antibes. Ces derniers inaugurent une nouvelle stratégie pour pousser Thierry Picolo vers la liquidation et récupérer ses biens. Une de leurs tactiques consiste à majorer le passif, en s'appuyant au besoin sur de fausses créances tout en omettant de parler de l'actif. La méthode est classique et a souvent été utilisée avec succès. Toutefois, le procédé ne peut réussir qu'avec des justiciables résignés, ayant perdu l'énergie de se battre. Ce qui est loin d'être le cas de Thierry Picolo. Il l'a prouvé depuis six ans.

CHAPITRE 23

Toulon : les crabes sont pincés

À 94 ans, sur la base d'un simple testament, il est possible de semer l'effroi. Non parmi les héritiers mais dans les rangs d'une petite équipe comptant un notaire parisien connu et un trio varois composé d'un avocat et de deux mandataires de justice. Toutes ces personnes relevant de la fonction d'officier ministériel ou d'auxiliaire de justice s'étaient imaginé que les biens considérables d'une femme presque centenaire et sans enfant pourraient ne pas intéresser grand monde. Or, après le décès, en date du 10 novembre 1996, de Claire-Renée Baude née Courtois, quelle n'est pas la surprise de ce petit monde de découvrir qu'ils vont devoir rendre des comptes aux légataires universels, désignés par la défunte quelques mois seulement avant son départ définitif : l'Institut Pasteur et Médecins du monde.

Pour comprendre la situation, il faut savoir que la défunte avait été la veuve, et par conséquent la seule héritière, de Paul Baude, lui-même décédé deux ans auparavant, le 28 novembre 1994, à un âge avancé. Ce pharmacien avait constitué une petite fortune grâce à un laboratoire. Avant de gagner ses batailles de chef d'entreprise, il s'était distingué sur le terrain militaire, ce qui lui avait valu de multiples décorations et citations. Ce côté courageux et gagneur l'avait rapproché de

Marcel Dassault avec qui il avait créé la Société immobilière du Bois de Boulogne. À leur actif, se compte notamment l'immeuble Walter, à l'angle du boulevard Suchet et de l'avenue Henri-Martin à Paris. Dans cet ensemble, la succession de Paul Baude concernait un appartement de 425 mètres carrés, avec jardin-terrasse d'une surface équivalente, le tout estimé à 25 millions de francs. S'y trouvaient en outre des collections de grande valeur, entre autres de tableaux. D'autres biens immobiliers très importants étaient situés sur la Côte d'Azur.

Les époux Baude avaient le même notaire parisien depuis plus de trente ans. Il est donc permis de penser que ce dernier possède une bonne connaissance de la situation patrimoniale de ses clients. La lettre qu'il adresse à l'un des deux légataires, le 5 décembre 1996, ne donne pas cette impression. Elle a, au contraire, de quoi faire froncer les sourcils. Il est question de succession, avec un actif net qui ne « devrait être que d'environ 10 millions de francs » mais, qui, malgré l'absence d'autres héritiers, serait « complexe ». Ce courrier suggère un rendez-vous. À cette occasion est exhumé un passif, personnellement étendu à Paul Baude dans le cadre de la liquidation des biens d'un petit groupe de sociétés implantées dans le Var, notamment à Bormes-les-Mimosas. Le 23 mars 1997, le notaire fait savoir que l'avocat toulonnais, représentant le liquidateur des entreprises, lui aurait « laissé entendre » que le passif de Paul Baude « pourrait être réduit à 5 millions de francs ». Le 5 mai suivant, il se ravise. Le passif « pourrait être supérieur à l'actif », c'est-à-dire aux 10 millions de francs initialement annoncés. Les comptes de la succession revêtiraient, du coup, un caractère « complexe ». Généralement de telles complexités ne s'observent que dans le cas des liquidations de sociétés pour lesquelles la clôture n'a pu se faire, parce que, par exemple, le début des opérations est récent ou qu'un contentieux se prolonge dans le temps. Vérification faite par le conseil de l'un des légataires, la liquidation du groupe varois relève d'une décision du tribunal de commerce de Toulon, en date du... 31 juillet 1974. Incroyable ! Vingt-trois ans se sont écoulés et les comptes de la liquidation ne seraient toujours pas arrêtés ! La suspicion s'installe. La version du notaire ne fait que relayer celle de l'avocat, lequel tient ses informations du liquidateur actuel. Cette procédure toulonnaise a, en effet, nourri non pas un mais deux liquidateurs. Le premier durant dix-sept ans et le second à compter de 1991, depuis déjà six ans. La couleuvre est grosse. Les légataires découvrent plutôt un véritable panier de crabes. L'avocat de Médecins du monde, Me Pascal Dewinter, engage diverses procédures et obtient la désignation d'un administrateur judiciaire à Paris pour gérer la succession, en remplacement du notaire parisien devenu un spécialiste de l'autocontradiction.

Le point central de l'affaire tourne naturellement autour de la consistance de ce passif mis à la charge de Paul Baude. Un examen attentif du dossier, constitué de son vivant et archivé par ses conseils de l'époque, fait ressortir que la dette imputée personnellement à l'intéressé mais solidairement avec deux autres personnes n'était que de 4 949 661 F. Mieux encore, bien qu'ayant été condamné pour le comblement du passif par le tribunal de commerce de Toulon dans des conditions discutables, Paul Baude avait manifesté sa volonté de mettre un terme à cette malheureuse opération. Il avait abandonné un compte courant de 3 millions de francs et, en prime, avait désintéressé l'ancien syndic, autrement dit le premier liquidateur. C'est ainsi qu'à la date du 26 février 1982, un acte authentique fait ressortir que, pour apurer définitivement le passif, Paul Baude a remis un chèque de l'ordre de 1,4 million de francs et 7 titres hypothécaires pour un montant de 3 millions de francs. Détail non négligeable, le notaire parisien, celui qui prétendait que le passif de la liquidation de Paul Baude était supérieur à son actif, avait concouru à la rédaction de l'acte ! Au décès de la veuve, ce notaire avait donc tous les éléments pour savoir que des dispositions avaient été prises pour éteindre la dette du défunt mari. Et cela depuis quinze ans ! Or, ses lettres démontrent qu'il a omis de répercuter cette information

La question du passif réglée, reste à savoir pourquoi le notaire, l'avocat et les deux liquidateurs ont joué les prolongations dans la liquidation de Paul Baude La réponse relève de la rengaine : pour faire tourner le compteur des honoraires. Aux dernières nouvelles, les crabes n'y sont pas allés de pince morte. Toutefois, les éléments actuellement réunis mettent aussi en évidence une explication intéressante pour les héritiers. Le règlement du passif des créanciers ayant été effectivement arrêté par acte notarié, le maintien de la liquidation de Paul Baude n'avait plus aucun sens juridique depuis belle lurette. Le seul but de l'opération consistait à servir des intérêts privés sous couvert de fonctions publiques. Il suffit de se pencher sur la totalité des actifs pour situer l'étendue de cette embrouille. En dehors des sommes rondelettes que le notaire, l'avocat et les deux liquidateurs toulonnais se sont attribuées, des montants très importants dormaient dans la caisse du liquidateur actuel. Ce dernier prétend ne rien connaître du dossier mais ne s'est pourtant pas gêné pour essayer de vendre des terrains au Conservatoire du littoral et de prendre des nantissements sur les actions de la société qui détient le fameux immeuble Walter à Paris, dans lequel existe un appartement de grand luxe au nom de Paul Baude. Il a même oublié de faire état, dans un premier temps, d'un jugement du tribunal de grande instance de Toulon condamnant la société TDF à verser 7,5 millions de francs d'indemnité d'occupation dans les caisses de la liquidation. À elle seule cette somme suffisait à remettre les compteurs du passif à zéro au lieu de brader des terrains aux enchères ou dans le cadre de ventes de « gré à gré ».

En fait, chacun des liquidateurs paraît avoir disposé sans complexe des biens dont devait hériter Mme Baude et qui à présent reviennent à l'Institut Pasteur et à Médecins du monde. Près de 40 hectares, voire 65 hectares si l'on se fie à une expertise, dont plus de la moitié constructible, notamment près d'un bord de mer magnifique à cap Bénat, font partie du patrimoine que l'on a tenté d'escamoter. En définitive ce ne sont pas 10 millions mais vraisemblablement 70 millions de francs de biens immobiliers et mobiliers que des liquidateurs — le notaire et par la suite un commissaire-priseur — ont escamotés depuis 1982. Pour tenter d'empêcher l'accès à la connaissance de l'inventaire des actifs, le propre notaire de Mme Baude n'a pas hésité à écrire que celle-ci avait « renoncé à la succession de son mari ». Il a admis ensuite que tel n'était pas le cas.

Le dossier est aujourd'hui suffisamment fourni pour inviter la justice à se mettre en action. Elle pourra refaire les comptes de la succession Baude et en demander à ceux qui en ont disposé jusqu'ici. Sans oublier la vente de certains tableaux dont une partie, non négligeable, n'a toujours pas été réglée par un renommé commisseur-priseur parisien. L'intervention de magistrats professionnels dans ce dossier permettra de vérifier la position extrêmement passive du représentant de la justice consulaire, en l'occurrence le juge-commissaire désigné par le tribunal de commerce de Toulon, pour veiller à l'exécution des actes de la procédure de liquidation. J'ajoute que le fait de voir traîner une liquidation durant vingt-trois ans n'a guère ému le parquet dit compétent. Il lui aurait pourtant suffi de consulter le dossier, ne serait-ce qu'une fois, pour s'apercevoir de son caractère folklorique.

La succession Baude a soulevé une véritable panique dans l'équipe recroquevillée maintenant autour du dernier liquidateur varois. Elle risque de provoquer un scandale supplémentaire dont le Var se serait passé. L'important est qu'enfin, grâce au testament de Mme Baude, l'Institut Pasteur et Médecins du monde puissent alimenter leurs caisses. Il s'agit là du souhait d'une honorable vieille dame qui, bien que passée du côté des morts, s'est inquiétée, avant de partir, des vivants qui souffrent. Son vœu mérite d'être respecté, même si telle n'était pas la première préoccupation de ceux qui ont sévi au nom de la justice consulaire.

CHAPITRE 24

Marseille : la plainte fatale

Depuis de nombreuses années, lorsque des contentieux naissent dans le milieu des cliniques marseillaises, ils ont une fâcheuse tendance à sombrer dans le drame. Au fil des affaires, la liste des victimes s'allonge sans que le puzzle puisse être entièrement reconstitué. Aujourd'hui, le dossier porté à ma connaissance n'échappe pas à la règle. Il est tout aussi inquiétant que les autres mais s'y greffe un élément nouveau : l'implication du tribunal de commerce de Marseille dans une cession de cliniques, laquelle entraînera un déchirement familial et se terminera dans un effroyable bain de sang.

Tout commence le 16 octobre 1992. Ce jour-là, le tribunal de commerce de Marseille décide que les cliniques Monticelli, Pasteur et Val ombreux seront reprises par la SA Hôpital européen de Marseille (HEM). Cette dernière, présidée à l'époque par Philippe Maouad, a pour actionnaires deux clans : d'un côté, Jean-Pascal Cordesse, qui n'est autre que le neveu de l'ancien maire de Marseille, Gaston Defferre ; de l'autre, Philippe Maouad, fils de Jean et Joséphine, tous deux chrétiens libanais qui, après avoir réussi dans les affaires au Sénégal, se sont fixés à Marseille au début des années 60. Le nom de cette famille, honorablement connue dans la cité, est associé au développement d'un des plus prestigieux établissements de soins privés du Sud de la France : la polyclinique Clairval, située dans le 9e arrondissement de Marseille. Les parents Maouad ont deux autres enfants : une fille aînée, Marie, et un garçon, Michel, qui est le benjamin de la famille. Ce dernier vit au Mexique depuis une vingtaine d'années. Il a quitté la France pour se prouver qu'il était capable de réussir dans les affaires par ses propres moyens et il y est parvenu en créant des entreprises d'importation de fromages français.

En 1992, Jean et Joséphine Maouad, qui ont confié à Philippe une grande partie de la gestion des affaires de Clairval, lancent un appel au secours à Michel. Celui-ci voue à ses parents un respect que ni le temps ni la distance n'ont entamé. L'examen de la situation juridique et financière de la polyclinique, dans lequel il va se plonger au cours de ses divers séjours à Marseille, lui permet petit à petit de réunir des éléments décisifs. Dans un premier temps, il réalise que son frère s'est lancé dans un montage conçu pour placer leurs parents, fondateurs de l'établissement, à l'écart des diverses opérations menées justement avec Jean-Pascal Cordesse. Il relève ainsi que, dès le mois de juin 1992, Philippe s'est auto-institué PDG de Clairval à la place de sa mère, sans autorisation du conseil d'administration. Dans ce sens, le procès-verbal déposé au greffe du tribunal de commerce pour justifier de sa nomination porte la mention « copie conforme à l'original ». Or, à la date du dépôt de l'acte, aucun original ne permet à Philippe de se réclamer d'une désignation régulière à la tête de Clairval. Michel découvre également que le titre de PDG de son frère, régularisé ultérieurement, a pour vocation essentielle de conduire la reprise des cliniques dans des conditions pour le moins inquiétantes. En effet, c'est HEM qui s'est portée acquéreur, mais c'est un de ses actionnaires minoritaires, en l'occurrence Clairval, qui doit soutenir financièrement l'opération menée par Jean-Pascal Cordesse et Philippe Maouad. Les 10 % du prix de la reprise des cliniques par HEM sont, dès le début, réglés sur le compte de Clairval. Cette situation n'a pas l'heur de plaire à Michel. Il craint que ses parents ne pâtissent de la gestion ténébreuse de HEM. En décembre 1994, le tribunal de commerce de Marseille nomme un conciliateur pour tenter, entre autres, de résoudre les difficultés financières occasionnées par le soutien démesuré apporté par Clairval à HEM. Michel Maouad voit cette intervention d'un bon œil, car, pour lui, tout démontre que la reprise des cliniques par HEM est en train de se traduire par un désastre financier pour Clairval. Ainsi, les banques consentent à soutenir HEM mais à condition que Clairval, autrement dit les parents Maouad qui en étaient les actionnaires majoritaires, accepte d'être caution de tous les besoins financiers. Très rapidement, ils montent à hauteur de 40 millions de francs et seraient aujourd'hui de l'ordre de 60 millions de francs. Michel Maouad note que la personne désignée comme conciliateur, Me José Yborra, s'adjoint comme sapiteur M. Baratier, ancien vice-président du tribunal de commerce, qui faisait partie de la formation du tribunal marseillais lorsque avait été choisie HEM, c'est-à-dire Jean-Pascal Cordesse et Philippe Maouad, pour la reprise des cliniques. La préoccupation du conciliateur désigné et de son sapiteur consiste, en juin 1995, à lancer une offensive pour dépouiller les parents Maouad de la totalité des actions qu'ils détenaient dans la clinique Clairval. Les parents signent un acte, dans le cadre d'une discussion portant sur une donation-partage entre leurs trois enfants, alors qu'en réalité le document concerne un transfert de titres au profit exclusif de Philippe et de sa sœur Marie. Le tout pour le franc symbolique ! Cette manœuvre tourne court. Une première plainte avec constitution de partie civile est déposée à l'encontre du conciliateur le 3 juin 1996.

Ces tractations amènent Michel à penser que la cession prononcée par le tribunal de commerce de Mar seille en faveur du duo Jean-Pascal Cordesse-Philippe Maouad s'est faite dans des conditions troublantes. Il veut savoir ce qui s'est réellement passé. En attendant, pour contrer les desseins de son frère Philippe et assurer la survie de l'entreprise familiale, il fait modifier, en mars 1995, les organes de gestion de la polyclinique. Philippe devient président du directoire tandis que Michel prend la tête du conseil de surveillance. Dans ce nouveau cadre juridique, Philippe ne peut plus engager seul la société et doit rendre régulièrement des comptes au conseil de surveillance. C'est ainsi que cet organe est conduit à se poser de sérieuses questions sur les comptes de la SA Clairval. Un procès-verbal du 4 juin 1996 fait ressortir, au travers de nombreuses questions de Michel Maouad presque toutes restées sans réponse, l'incroyable opacité de la gestion de la polyclinique. Des fonds entrent ou sortent de manière hallucinante, sans explication. Du jamais vu ! Des accroissements du chiffre d'affaires ne sont justifiés par aucune variation d'autres postes. Dès lors, aucune hypothèse, même la plus préoccupante, ne peut être écartée. Le poste honoraires médecins pose, lui aussi, un grand mystère : malgré la présence de deux commissaires aux comptes, il est impossible pour le représentant du conseil de surveillance de savoir si le montant dû par la clinique aux praticiens est de 32 millions de francs ou si, à l'inverse, ce sont eux qui doivent 16 millions à la clinique ! Le conseil de surveillance interroge également en vain Philippe Maouad sur un important abandon de créances en faveur de HEM et un protocole établi entre Jean-Pascal Cordesse, Philippe Maouad et la Générale de santé. Celle-ci est entrée dans le capital de HEM en 1993, pour en sortir très peu de temps après en emportant essentiellement des actifs.

Michel Maouad cherche et progresse sur le chemin de la vérité. Pour lui, le nœud gordien de l'affaire est sans conteste la reprise des cliniques Monticelli, Pasteur et Val ombreux, décidée par le tribunal de commerce. La quasi-totalité des anomalies alarmantes qu'il a pu relever ont été commises à partir de cette opération et n'ont fait que se multiplier par la suite. Il lui faut donc revenir à la case départ et chercher à savoir comment son frère et Jean-Pascal Cordesse ont pu, par le biais de HEM, obtenir la cession des cliniques alors qu'ils étaient les moins disants. Il n'a pas oublié un petit détail, noté lors de l'audience au cours de laquelle ont été débattus les offres et les montants des reprises des différents candidats. Il était à Marseille à cette période et en avait profité pour se rendre au tribunal, ce qui lui avait permis de remarquer un curieux manège. La chambre consulaire est présidée ce jour-là par M. Arnaud, avec à sa droite le premier assesseur, M. Baratier, et à sa gauche un second assesseur. Au cours des discussions portant sur le prix de la reprise, ce dernier fait un geste qui ressemble à un signe adressé à l'avocat qui représente HEM. Avec l'index et le majeur de la main droite, il se gratte délicatement les deux ailes du nez. Ce mouvement est aussitôt suivi d'un surenchérissement de 2 millions de francs par le conseil de HEM. Dans une relation de cause à effet, Michel Maouad se dit que les deux doigts qui entourent le nez du juge consulaire peuvent correspondre aux 2 millions qu'il faut ajouter au prix pour enlever l'affaire à la barre. Contrairement à Michel Maouad, les diverses personnes présentes sur les lieux, notamment les autres candidats à la reprise, n'y voient que du feu. Pourtant, contre toute logique, ce n'est pas le plus offrant, à hauteur de 34 millions de francs, qui sera choisi pour la reprise des trois cliniques, mais HEM pour un montant total passé de 21 à 23 millions de francs. Cette observation conforte Michel Maouad dans l'idée d'un arrangement entre l'équipe Cordesse-Maouad et l'un des représentants du tribunal de commerce, mais elle ne constitue pas une preuve. Il est évident que si le juge aux narines sensibles (qui répondrait par ailleurs au surnom de Lucky Luke si l'on se réfère à un document écrit de la main de Jean-Pascal Cordesse) est réellement intervenu pour favoriser la reprise de HEM, cela suppose une contrepartie.

Michel Maouad poursuit donc ses recherches sur un terrain devenu extrêmement difficile. Il faut savoir qu'à Marseille, les dossiers qui laissent échapper un parfum de corruption sont particulièrement protégés. Ceux qui connaissent la combine sont tenus par le souci de protéger les avantages qu'ils peuvent en avoir retirés ou, éventuellement, par la peur de représailles. Toutefois, lorsque la dérive dépasse un certain seuil, il arrive que des personnes apportent un élément discret mais capital. C'est exactement ce qui se passe. Grâce à un informateur anonyme, dans le style « gorge profonde », et à son opiniâtreté, Michel Maouad approche du but. Il attend un indice lui permettant de dire qu'un juge consulaire a « touché ». L'élément déterminant prend la forme de deux reçus, de 300 000 F chacun, signés les 25 novembre et 15 décembre 1992, par une certaine Laurence Masse, gérante de la SCI Résidence du soleil à Marseille, en faveur de Philippe Maouad. Des recherches à l'état civil font ressortir le lien qui manque. Laurence Masse est en réalité la fille du second assesseur du tribunal de commerce de Marseille, demeurant à la même adresse que celle de ladite SCI. C'est lui qui siégeait lorsque le tribunal a rendu son verdict, le 16 octobre 1992, en faveur de HEM. Michel Maouad, très méticuleux, ne s'arrête pas là. Il a maintenant un élément de preuve de ce qui ressemble fort à un pot-de-vin destiné au juge consulaire, mais il reste à découvrir d'où son frère Philippe a sorti l'argent. La réponse est apportée par l'étude du compte 1012 250440 Y concernant les honoraires des médecins de la clinique Clairval. C'est en fait sur ce compte qu'ont été débités trois chèques, dont les numéros se suivent. Ainsi, entre le 24 novembre 1992 et le 26 janvier 1993, le compte bancaire de la SCI a été crédité de deux fois 300 000 F et de 150 000 F. Au total, Philippe Maouad a versé un pot-de-vin de 750 000 F. Du côté des Cordesse, on semble avoir limité la contribution à un chèque de 350 000 F tiré, en novembre 1992, sur le compte de la société Gimpro. Plus tard, Michel Maouad a également relevé que, pour tenter de masquer la vraie nature de leurs opérations, les payeurs ont subitement pris des parts dans la SCI qui, depuis un certain temps, était en... sommeil.

La justice consulaire est prise la main dans le sac. Une deuxième plainte avec constitution de partie civile est donc déposée, le 15 juillet 1996, contre Philippe Maouad et le second assesseur pour corruptions active et passive, abus de biens sociaux et recel. Michel Maouad met au jour une affaire qui risque de faire grand bruit. La révélation de ces faits de corruption intervient à une époque où les médias commencent à pointer les scandales touchant l'institution consulaire. Parallèlement, Michel Maouad réalise pourquoi son frère bénéficiait d'un appui inconditionnel du tribunal de commerce de Marseille dans des dossiers calamiteux pour l'entreprise familiale. Bien qu'ayant fait l'objet de menaces, à peine voilées, au cours de sa quête de vérité, il n'a pas faibli. C'est donc en fils rassuré qu'il s'embarque, le 22 juillet 1996, à destination de Mexico pour reprendre ses activités, revoir ses deux garçons en bas âge et rejoindre son amie Hilda Martinez Conzales, magistrat de la justice fédérale du Mexique.

Si la loi jouait pleinement son rôle de régulation de la vie économique et sociale, la dernière page de cette histoire devrait normalement s'écrire de la façon suivante : Michel Maouad, tout en continuant à veiller sur les agissements du tandem Jean-Pascal Cordesse-Philippe Maouad, poursuivrait sereinement son existence au Mexique. Quant à la justice, compte tenu de la nature des faits portés à sa connaissance, elle serait intervenue dans les meilleurs délais pour mettre un terme au trouble à l'ordre public provoqué par cette affaire. Malheureusement, ce n'est pas du tout ce qui s'est passé. Nous sommes à Marseille et il s'agit d'une affaire concernant le milieu des cliniques ainsi que celui de la justice consulaire.

Le 27 juillet 1996, à 3 h 30, heure locale, soit moins de quinze jours après avoir déposé plainte pour corruption contre le magistrat consulaire, Michel Maouad est assassiné, ainsi que son amie, au domicile de cette dernière. L'enquête menée par la police mexicaine fait apparaître qu'il s'agirait d'un contrat exécuté par deux tueurs qui, d'après des témoins, s'exprimaient en langue française.

Dix ans après ma première intervention dans les magouilles consulaires marseillaises, j'ai l'impression que la situation a légèrement évolué. En 1987, à peine avais-je ouvert un dossier, qui promettait d'être brûlant, que le procureur de la République de l'époque s'était empressé de le refermer. J'avais compris qu'il ne fallait pas compromettre la crédibilité de cette institution dans la mesure où un scandale avait déjà pu être évité en virant, en douceur, un président du tribunal de commerce de Marseille. En 1997, bien que le tribunal de commerce de Marseille se soit empressé de se faire remettre la démission du second assesseur, la justice pénale a néanmoins suivi son cours. Elle aura quand même attendu le 16 janvier 1998, soit dix-huit mois après le dépôt d'une plainte régulièrement enregistrée, pour réagir. Le type de « règlement à l'amiable » et l'absence de répression pénale semblent être révolus à Marseille. Ce ne semble pas être le cas ailleurs, notamment à Paris. Selon la presse, entre 1992 et 1995, pas moins de sept magistrats indélicats du tribunal de commerce de la capitale ont été priés d'abandonner leurs fonctions. Point final, *exit* la justice !

L'action pénale engagée par Michel Maouad contre son frère Philippe est désormais éteinte en raison du décès de ce dernier, en mai 1997, suite à une maladie. Un membre de la famille Cordesse et le juge consulaire ont été mis en examen. Le second est même allé faire un tour derrière les barreaux de la prison des Beaumettes. Tout comme à Nanterre, on peut espérer qu'à Marseille le grand nettoyage est enfin lancé.

Au terme de ce tour de France des tribunaux de commerce — qui ne constitue qu'un échantillon —, l'institution consulaire aura de grosses difficultés pour soutenir qu'elle doit conserver, sans réforme, son pouvoir de juger. Trop de cas démontrent qu'il est en réalité nocif à la société et accaparé par des intérêts personnels.

CHAPITRE 25

Toute la presse en parle

Contrairement aux idées répandues dans les médias par les porte-parole de l'institution consulaire ou des mandataires de justice pour minimiser leurs dérives, la quasi-totalité du pays souffre du dysfonctionnement des tribunaux de commerce. Les conséquences s'apparentent à un véritable fléau économique et social. L'argument selon lequel « moins de 10 % de leurs décisions sont frappées d'appel » ne résiste plus à l'analyse. Trop nombreux sont les débiteurs ou les créanciers, que j'ai rencontrés, qui ont reconnu n'avoir pas eu le courage ni surtout les moyens de se battre contre un système mafieux parfaitement organisé au sein de la justice commerciale. Rares sont ceux qui ont eu la possibilité d'aller jusqu'au bout d'un combat coûteux et souvent épuisant. Tout récemment encore, ils se fondaient dans une majorité silencieuse. Au début de l'année 1996, le voile a enfin été levé sur la réalité des pratiques des juges consulaires et des mandataires de justice. Qu'on en juge par cette brève revue de presse :

Le président du tribunal de commerce de Saint-Lô, dans la Manche, Harold Provost, du temps où il était en fonctions (jusqu'en 1992), avait pris l'habitude de confier tous les dossiers relatifs aux procédures ouvertes contre les garages à un même administrateur judiciaire.

La démarche n'était pas neutre. La société du magistrat, spécialisée dans la vente de pièces détachées automobiles, était devenue le fournisseur principal des affaires placées sous la responsabilité du mandataire de justice. Ce renvoi particulier d'ascenseur a dernièrement valu six mois de prison avec sursis aux deux protagonistes, pour ingérence et trafic d'influence.

Charles-Roland Ghesquière, administrateur judiciaire parisien, s'est fait remarquer, quant à lui, durant l'été 1997. Il s'adressait avec constance au même cabinet d'expertise-comptable pour intervenir au sein des entreprises redressées confiées à son étude. Une telle fidélité pourrait traduire la satisfaction du mandataire de justice. Dans le cadre d'une activité sous-tendue par la conscience professionnelle, l'hypothèse est logique. En regardant les choses autrement, l'explication apparaît différente. Ledit cabinet est dirigé par un simple prête-nom, mis en place, comme il se doit, pour masquer le véritable propriétaire. Or, celui-ci n'est autre que l'administrateur judiciaire. Jusqu'à présent, ce grand malin qui profite de l'argent des entreprises en difficulté, qu'il a en charge, pour faire tourner sa propre affaire, aurait seulement écopé d'un an d'interdiction d'exercer !

Les médias ont également révélé les grandes lignes de quelques autres dossiers qui méritent une attention toute particulière.

Affaire Lola Ascore

Il s'agit d'une très belle boutique inaugurée en 1979, à Paris, à proximité du Louvre. Créée sous la forme d'une SARL, l'entreprise fait l'objet d'un dépôt de bilan en décembre 1987, soit huit ans après. Le chiffre d'affaires avait baissé mais pas celui du droit au bail qui est évalué à 4 millions de francs. La gérante, Nicole Blondelle, cherche et trouve un repreneur capable de mettre 2 millions de francs sur la table. De quoi éponger une bonne partie du passif qui s'élève à 3,9 millions. Ce n'est pas l'avis du juge-commissaire du tribunal de commerce de Paris, Jacques Rivalland, lequel, en juin 1988, préfère céder le commerce à une société pour un prix cadeau : 700 000 F ! Nicole Blondelle est ruinée mais pas privée du désir de se battre pour lever le voile sur la « logique » de cette prise de position irrationnelle. Elle y met le temps mais parvient au but qu'elle s'était fixé en déposant une plainte pour corruption à l'encontre du juge consulaire. Celui-ci sera mis en examen en avril 1995. Les conditions déroutantes de cette cession ont une explication. Quelques jours avant la décision, il avait été embauché pour une rémunération annuelle de 200 000 F par le repreneur favorisé !

Affaire groupe Afico

En août 1980, le groupe Afico fait l'objet d'une saisine d'office du tribunal de commerce de Paris qui, sans sérieuse justification et de la manière la plus douteuse, prononce une liquidation des biens. Son dirigeant Marc Rosemblum se mobilise contre cette mesure. Il découvre d'abord que le juge-commissaire qui a statué sur son affaire, M. Comolli, est aussi directeur général d'une banque qui prête beaucoup aux PME. Il établit ensuite qu'avec son titre, l'intéressé participe à des conseils d'administration aux côtés de ses deux principales banques créancières. Plus fort encore ! La société d'expertise-comptable qui a conclu à la liquidation du groupe Afico est détenue, d'un côté par l'épouse du président du tribunal de commerce de Paris de l'époque, de l'autre par la banque du juge-commissaire. En matière de jugement de liquidation, il est difficile de faire mieux sur le registre de la partialité. Marc Rosemblum le fait prévaloir dans le cadre d'une requête en suspicion légitime. Il n'a pas tort car, le 14 juin 1982, la liquidation est reconvertie en règlement judiciaire. Il est sur tous les fronts. Un autre des juges qui a participé à la décision avait une petite idée derrière la tête. Quatre jours après la liquidation, il a embarqué la Rolls Royce du groupe Afico pour 20 000 F ! Marc Rosemblum engage une procédure et parvient, vingt-quatre mois après, à faire réintégrer la voiture dans son garage. Au passage, le juge indélicat est contraint de régler le prix d'une location sur la période considérée. La sortie du tunnel n'est pas en vue pour autant. En 1988, Marc Rosemblum se lance dans une autre affaire. La structure de textile et de prêt-à-porter créée à cet effet termine sa course par un dépôt de bilan. Le tribunal de commerce de Paris, aurait décidé la cession du fonds de commerce, des boutiques et des stocks. Le tout, estimé à 150 millions de francs, aurait été vendu à 22 millions ! Marc Rosemblum repart en guerre, en soulevant une nouvelle requête en suspicion légitime contre toute la formation du tribunal de commerce de Paris qui a accepté une telle braderie. L'affaire suit son cours. J'ai eu l'occasion de rencontrer personnellement Marc Rosemblum. Il fait partie de cette race de gens qui n'abdiquent pas face à certaines injustices. Dans ce domaine, il a été servi. Cela fait maintenant dix-sept ans qu'il se bat contre les magouilles du tribunal de commerce de Paris. Comme il l'explique avec philosophie, s'il ne veut pas être anéanti par le système, il n'a pas d'autre choix. Le paradoxe c'est qu'il soit contraint de lutter contre la justice consulaire pour que l'ordre des choses soit rétabli.

Affaire Sauvan-Goulletquer

C'est presque par hasard que la justice pénale a ouvert ce dossier. Cela commence par une simple enquête sur les conditions de cession d'une petite entreprise du bâtiment qui avait enregistré des licenciements d'élus du personnel non prévus dans le plan. De fil en aiguille, les policiers découvrent des évaporations de fonds des entreprises en difficulté gérées par Mes Olivier Sauvan et Jean-Michel Goulletquer, administrateurs judiciaires domiciliés à Nanterre. À la tête d'une des plus importantes études en France, ces mandataires de justice ont détourné la bagatelle de 200 millions de francs ! L'argent destiné au remboursement des créanciers a pris, grâce à la complicité de certaines banques, des chemins divers, notamment dans des investissements à titre personnel vers les États-Unis et les Bahamas via le Luxembourg. Ce n'est pourtant pas tout ! D'autres fonds de sociétés placées en redressement judiciaire ont fait l'objet de versements d'intérêts pour plus de 6 millions de francs. Bien évidemment au profit des administrateurs, qui étaient de mèche avec les banques, et non pas à celui des entreprises en difficulté, alors même qu'il s'agissait de leur propre argent.

Sur ce registre, de nombreux autres mandataires de justice se sont également distingués par le mépris affiché de la mission de service public qui était la leur. L'alerte a été donnée, fin 1995, par le Consortium de réalisation (CDR) chargé de nettoyer le Crédit lyonnais de ses actifs douteux. Plusieurs dizaines d'auxiliaires de justice avaient bénéficié de faveurs de la part de la SDBO, filiale du Crédit lyonnais et, vérifications faites, de bien d'autres banques. Ces dernières savaient récompenser les mandataires de justice qui avaient accepté d'effectuer chez elles des dépôts d'argent des sociétés redressées ou liquidées, au lieu de s'adresser, comme la réglementation le prévoit dans certains cas, à la Caisse des dépôts et consignations. Ainsi, grâce à ces irrégularités, les auxiliaires de justice se voyaient entre autres accorder des prêts personnels à des taux exceptionnels fixés entre 0 et 3 %. Une quarantaine de ces petits rusés, plus préoccupés par le niveau de leur propre trésorerie que par celui des sociétés placées sous leur responsabilité, ont échappé au pénal mais pas au réveil du fisc. Les redressements se sont mis à pleuvoir, certains s'élevant au-dessus du million de francs. Dans ce type d'opérations menées sur le dos des entreprises, il est évident que les mandataires de justice se préoccupaient de la sauvegarde des emplois comme de leur première chemise. Il est même probable que la durée de certaines procédures collectives devait dépendre des intérêts personnels qu'ils en retiraient.

En février et avril 1997, Mes Sauvan et Goulletquer ont été mis en examen pour leurs agissements et même incarcérés durant un temps. Cette affaire, parmi toutes celles que l'on connaît aujourd'hui, reste cependant révélatrice des sommets que peuvent atteindre le dévoiement dans la profession et la désinvolture du contrôle qui est exercé par ses membres. Un an auparavant, le Conseil national des mandataires de justice avait inspecté l'étude Sauvan et Goulletquer sans détecter le moindre indice des détournements records qui étaient en train de s'opérer. Mieux encore : en mars 1997, à l'issue de la détention provisoire d'Olivier Sauvan, la première réaction du tribunal de commerce de Nanterre a été... de lui confier un nouveau dossier. Pour préserver le peu de crédibilité de la profession, sans doute ! Cette solidarité exemplaire a pris fin en juin 1997, quand les juges se sont vus contraints de prononcer la liquidation de l'étude.

Pourtant, au printemps 1997, le tribunal ne peut ignorer que Me Olivier Sauvan s'est illégalement impliqué dans la société Travelstore en tant que vice-président du conseil de surveillance. Ce mandat est accompagné d'un investissement de 13 millions de francs, sur les 200 détournés par l'étude. Cela n'empêche pas la société, spécialisée dans le tourisme, de déposer le bilan au bout de quelques mois à peine de fonctionnement, juste au moment des départs en vacances de l'été 1997, provoquant une tornade médiatique. Celui qui paraît s'être le mieux sorti de cette affaire est l'un des principaux actionnaires de Travelstore : David Douillet, notre quadruple champion du monde de judo. Trois mois avant la faillite de la société, il a retiré ses billes, à hauteur de 400 000 F. Résultat des courses : mis en confiance par ce prestigieux sportif, titulaire de la médaille d'or aux jeux Olympiques, 400 clients n'ont pas hésité à verser des acomptes pour rejoindre des rives enchanteresses mais sont restés plaqués au sol, la valise à la main. Aux dernières nouvelles, ils attendent toujours d'être remboursés. Les 50 salariés de Travelstore, eux, sont allés pointer à l'ANPE.

Le Conseil national des mandataires de justice a rattrapé le coup de la remise en selle de Me Sauvan par le tribunal de commerce de Nanterre, en déposant plainte contre lui et son associé. Il a également pris l'engagement de renflouer les caisses vides de l'étude sinistrée. Sur les 200 millions de francs, 70 seulement seraient pris en charge par les assurances. Les 130 autres millions seront financés par les 500 mandataires de justice que compte la profession. Pas de quoi sauter au plafond pour ces professionnels. Aussi certains d'entre eux ont-ils affiché leur intention de s'opposer à l'entraide requise par leur instance nationale. Celle-ci a, par ailleurs et pour ce même dossier, accepté que

Me Brigitte Penet-Weiller, mandataire judiciaire sur Paris, soit nommée dans la procédure de liquidation de l'étude Sauvan-Goulletquer. Or, l'intéressée est également secrétaire du Conseil national des mandataires de justice, qui a déposé plainte. Ce type d'arrangement, où un mandataire est tout à la fois juge et partie, n'a pas étonné le parquet compétent dans cette affaire. Si la profession avait voulu entourer d'un cordon sanitaire l'étude Sauvan-Goulletquer elle ne s'y serait pas mieux prise. Le Conseil national des mandataires de justice s'est ainsi assuré la possibilité de tout connaître des dossiers traités par les deux auxiliaires de justice mais aussi de garder la chose secrète. Le risque d'ignorer à jamais la nature des malhonnêtetés commises et l'identité des complices, tant au niveau consulaire que bancaire, est désormais réel. Il n'est pas interdit de penser que d'autres dérapages puissent exister parmi les multiples dossiers qu'a eu à traiter l'étude Sauvan-Goulletquer. En effet, il est difficile de concevoir un basculement dans la délinquance de manière brutale. Ce n'est d'ailleurs qu'à la suite de la reprise en main par le nouveau procureur de la République, Yves Bot, que les affaires ont commencé à éclater à Nanterre. On peut donc imaginer qu'auparavant, l'absence de contrôle et de répression était de nature à favoriser des dérapages. Or, a été nommé pour la liquidation, justement, un représentant du Conseil national des mandataires de justice qui, bien qu'ayant inspecté l'étude, n'a pas été capable de découvrir le gouffre. Il est regrettable que la magistrature professionnelle, en ne s'opposant pas au choix du mandataire liquidateur, ait une nouvelle fois cédé devant le lobby des spécialistes de la faillite.

Affaire Affinal

Elle concerne une filiale du groupe Valois, intervenant dans le secteur de la métallurgie. Son patron, Michel Coencas, qui a déjà eu maille à partir avec la justice, est un spécialiste des reprises à la barre des tribunaux de commerce. Il s'est ainsi construit un empire et brasse des milliards. Le 13 avril 1995, Affinal est mis en redressement par le tribunal de commerce de Nanterre. Son passif est de l'ordre de 300 millions de francs. Le 9 novembre 1995, la SA SMRI, domiciliée à Marseille, bénéficie de la cession de cette entreprise. Ce n'est qu'une entreprise intermédiaire puisque la société Affinal est très rapidement rétrocédée à la Financière de Valois, holding dans laquelle se retrouve Michel Coencas. L'opération a permis à l'intéressé de reprendre une société purgée d'une partie non négligeable du personnel mais aussi de ses très importantes dettes, de l'ordre de 400 millions de francs ! Les créanciers restent sans réaction, mais pas les syndicats qui saisissent le parquet de Nanterre. Une information est ouverte pour escroquerie aggravée. En juin 1997, Michel Coencas est placé en détention provisoire. Il en sortira au bout de six semaines avec obligation de payer une caution de 10 millions de francs et interdiction de gérer jusqu'à nouvel ordre. Le patron du groupe Valois n'a pas été le seul à se retrouver derrière les barreaux : l'administrateur judiciaire qui s'est occupé de la cession y a fait un séjour de quinze jours. Ceux que l'on soupçonne d'avoir mis la main à la pâte, et éventuellement de se l'être fait graisser, ont également été mis en examen. Grâce à ce dossier est mis au jour un réseau lié à d'anciens présidents de tribunaux de commerce, organisé pour « monter » des dossiers comme celui d'Affinal. Ses interventions ne servent qu'à faciliter la réalisation de combines favorisant les petits copains et vidant les entreprises en difficulté de leurs actifs commerciaux ou d'une partie non négligeable de leur trésorerie. Comment croire qu'un certain nombre de personnes, œuvrant pour ou autour de la justice consulaire, pouvaient ignorer le système ? L'omerta a donc joué à fond, sauf pour les syndicats du groupe Valois comprenant près de 8 000 salariés. Ces derniers étaient suffisamment structurés pour réagir contre les magouilles. Ce n'est malheureusement pas le cas des 60 000 entreprises confrontées, chaque année, à des procédures collectives. En l'état actuel de la législation, les profiteurs ont encore beaucoup de beaux jours devant eux. Ils sont légion ceux qui, contrairement à Michel Coencas, ne se sont pas fait pincer. En jouant sur le marché noir des dépouilles d'entreprises victimes de la crise, ils sont même devenus immensément riches et continuent de dormir en toute tranquillité. Parfois, certains sont cités en exemple de réussite économique. Il est évident que leurs thuriféraires ne se sont pas posé la question de savoir combien ce « succès » a coûté au pays, en termes d'emplois.

CHAPITRE 26

Les couloirs de la mort

Le combat engagé, depuis octobre 1994, suite à l'intolérable incarcération de Me Monnet, franchit une nouvelle étape avec cet ouvrage. Les affaires mises en lumière ne représentent qu'une infime partie de celles qui ont été portées à ma connaissance, dossiers à l'appui. Cet échantillon a pour vocation de démontrer, entre autres, que les dérives des juges consulaires et des mandataires de justice ne se réduisent pas à des cas « limités », voire « exceptionnels » comme les représentants de ces corps tentent de le faire croire. La preuve est faite que la plupart des entreprises en difficulté sont malheureusement soumises à un système de combines mafieuses, largement répandues dans le pays. Ceci est vrai du nord au sud, de l'est à l'ouest et essentiellement lorsque les décisions sont prises par des magistrats élus. Ce qui ne signifie pas que tous ces hommes, comme au demeurant les mandataires de justice, soient personnellement malhonnêtes, mais ils sont happés par un système déréglé et qui fonctionne hors de tout contrôle réel.

La France est vraisemblablement le seul pays en Europe à maintenir le fonctionnement des tribunaux de commerce tel qu'il existe à ce jour. Au regard de la technicité croissante du droit et des impératifs collectifs de plus en plus importants du fait de la crise économique, les autres États de la Communauté ont soit carrément supprimé ces juridictions, soit les ont aménagées avec l'intervention de magistrats professionnels. Les tribunaux de commerce n'existent pas en Grande-Bretagne et ont été supprimés en Italie, en Espagne et aux Pays-Bas. En Allemagne, la chambre commerciale est présidée par un magistrat professionnel, assisté par des commerçants élus. Ce système a d'ailleurs été maintenu dans une petite partie de l'est de la France et institué dans les départements d'outre-mer. Avec ce type de juridiction, il faut le rappeler, les scandales sont exceptionnels. Il en est de même quand, dans certains endroits privés de tribunaux de commerce, ce sont les magistrats professionnels des tribunaux de grande instance qui statuent en matière commerciale. Autrement dit, lorsque l'échevinage existe ou lorsque ce sont des vrais juges qui interviennent directement, les décisions qui concernent les entreprises en difficulté sont, dans l'ensemble, à l'abri des combines auxquelles est mêlée la grande masse des juges consulaires et des mandataires de justice ailleurs. Les dysfonctionnements qui ont été dévoilés depuis maintenant deux ans expliquent probablement la défiance notoire des entreprises étrangères vis-à-vis des juridictions consulaires françaises. En d'autres termes, le manque de crédibilité des tribunaux de commerce de notre pays constitue un handicap vis-à-vis de partenaires extérieurs à l'Hexagone tentés par une démarche industrielle ou commerciale.

Le plus grave problème que posent les tribunaux de commerce se situe néanmoins à l'intérieur de nos frontières. Au regard de la loi, ces juridictions ont surtout un rôle primordial dans la sauvegarde de l'emploi. Or, nous avons vu ce qu'il en est, en réalité, de cette préoccupation. Les juridictions consulaires statuent chaque année sur le devenir de plus de 60 000 entreprises en difficulté. Il s'agit bien d'un droit de vie ou de mort confié à des commerçants qui, du jour au lendemain, vont décider du sort d'un nombre considérable de salariés. Nul ne peut plus aujourd'hui ignorer qu'en entrant dans le circuit des procédures collectives, les entreprises sont surtout engagées dans des couloirs qui, trop souvent pour cause d'incompétence ou de vénalité, les conduisent vers une mort certaine. Dans ce contexte, il n'y a plus lieu de parler de sauvetage mais de massacre d'emplois.

Tous les ans, la juridiction consulaire publie l'état de ses activités à l'échelon national. Elle omet pourtant de préciser le nombre d'emplois à jamais perdus qui résulte de ses décisions. Elle en a pourtant les moyens mais s'en abstient. Il importe donc de lever le voile sur ce qui est dissimulé, au moins depuis la décennie écoulée. Ce que l'on connaît des dysfonctionnements des tribunaux de commerce permet de penser que la moitié des procédures collectives est probablement traitée de manière pour le moins contestable sur le terrain du droit quand il ne s'agit pas de celui de la probité. Ainsi, il n'est pas excessif de dire que chaque année, sur les 60 000 entreprises contraintes au dépôt de bilan, plus de 30 000 seraient conduites à la mort dans des conditions discutables. En restant extrêmement mesuré et en limitant à seulement trois le nombre d'emplois ainsi détruits par entreprise, il ressort que près de 100 000 emplois disparaîtraient annuellement du fait de la bêtise ou de la cupidité humaine. En conséquence, il ne paraît pas osé de dire qu'en matière d'emplois, l'échec de la loi de 1985 pourrait se traduire, à ce jour, par une estimation de plus de 1 million de chômeurs que l'on aurait pu éviter si les juges consulaires et les mandataires de justice avaient eu un comportement différent.

Pour épargner au pays ce désastre phénoménal, une vraie réforme de la législation sur le traitement des entreprises en difficulté devient indispensable. Cette nécessité est déjà très largement évoquée dans les médias. Je n'ai pas ménagé ma peine pour soutenir l'idée d'un changement profond qui porte à la fois sur les mandataires de justice et l'institution consulaire. Quand sont enfin appréhendés les abus en tout genre des auxiliaires de justice, tout porte à croire que la collectivité aurait moins à souffrir en les payant à ne rien faire plutôt qu'à les maintenir dans des responsabilités qui les transforment en gros contribuables sur le dos des sociétés en difficulté. Il est, par conséquent, inadmissible d'accepter la pérennisation de cette sinécure. Il s'agit là d'une question d'intérêt général dans la mesure où le chômage engendré par ces situations est, en fin de compte, transféré à la charge de la collectivité. Il ne serait donc pas déplacé, pour le législateur, d'envisager le remplacement des mandataires de justice actuels par des fonctionnaires de l'État, formés à cet effet et soucieux de défendre uniquement l'intérêt collectif dans les sacrifices demandés aux créanciers et aux salariés.

Les juges consulaires représentent en France la moitié de l'effectif des magistrats professionnels. Face à ce que l'on sait maintenant du nombre et de la gravité des agissements des premiers, il va sans dire que l'intervention des seconds dans les juridictions commerciales ne peut que représenter une garantie d'équité. Un magistrat professionnel, fort de plusieurs années de droit et qui a passé un concours pour entrer à l'École nationale de la magistrature où il suivra un stage de deux ans au total, est à même, compte tenu de la complexité des textes, de mieux appliquer l'esprit et la lettre de la loi. Ce qui n'est pas du tout le cas d'un commerçant qui, en quelque sorte coopté par ses pairs et sans sérieuse connaissance du droit, va du jour au lendemain se prononcer dans un domaine qui engagera la communauté, trop souvent avec une partialité difficile à éviter dès lors que des intérêts sont en jeu et des relations en cause. En revanche, sa connaissance du tissu économique peut utilement le conduire, en tant qu'assesseur, à éclairer le magistrat professionnel avant que ce dernier ne juge en droit. L'échevinage intégrant dans une chambre commerciale un juge véritablement formé à cette fonction et deux commerçants est, de toute évidence, la composition la mieux à même d'amener le professionnalisme, l'indépendance, la rigueur, la probité et la crédibilité qui manquent cruellement à l'institution consulaire.

Un des principaux arguments mis en avant pour essayer de préserver en l'état les tribunaux de commerce se résume à l'idée suivante : les juges consulaires sont bénévoles tandis que l'échevinage supposerait la création de nombreux emplois de magistrats professionnels et aurait, en conséquence, des incidences budgétaires importantes. Nos voisins européens ne semblent pas avoir été arrêtés par cette façon de voir qui, en réalité, relève d'un faux problème. Le vrai est incontestablement celui du chômage, sciemment provoqué par l'institution consulaire. Or, en s'offrant une justice professionnelle, à l'instar de ses voisins européens, le pays réduirait sensiblement la courbe des demandeurs d'emploi. Par voie de conséquence, l'économie qui aurait pu être réalisée sur l'indemnisation du million de chômeurs indûment généré ces dix dernières années, serait de nature à financer — et bien au-delà — le recrutement des magistrats nécessaires à l'échevinage.

Une réelle réforme en faveur de la sauvegarde des emplois passe également par un contrôle effectif du parquet en matière de procédure collective. Sur ce point, l'accord semble unanime. Hormis quelques procureurs soucieux de répondre aux exigences de leurs fonctions, il faut bien reconnaître que nombreux sont ceux qui n'ont rien fait pour réduire l'ampleur des dysfonctionnements, quand ils ne cherchaient pas à les protéger comme par exemple à Saint-Brieuc.

En partant du principe que le chômage constitue la première préoccupation du pays, le législateur pourrait également envisager des mesures de renforcement de la répression à l'encontre de ceux qui, chargés du traitement des entreprises en difficulté et, par voie de conséquence, de la sauvegarde des emplois, en profitent pour favoriser des intérêts d'ordre privé, ainsi que cela a été constaté au long de cette étude. À ce titre, alourdir les peines en transformant le délit actuel en crime serait dissuasif.

Il y a manifestement, en France, un besoin de réforme en profondeur mais il ne semble pas que le pouvoir politique soit prêt à s'engager dans cette voie. Hier, Jacques Toubon, l'ancien garde des Sceaux, avait déjà jeté l'éponge. En novembre 1996, une lettre officielle faisait ressortir qu'il n'entendait pas donner suite à un projet de loi, présenté par Jean-Marc Chartoire, à l'époque député du Puy-de-Dôme, concernant, entre autres, le système de l'échevinage (voir annexe). Aujourd'hui, l'histoire se répète. La gauche s'était judicieusement orientée, au début des années 80 sous l'impulsion de Robert Badinter, vers la réforme sérieuse qui s'imposait. Elle avait toutefois considérablement réduit la portée de ses intentions en s'inclinant devant le tir de barrage des forces consulaires. La position des commerçants, élus juges bénévoles, était simple : si une loi étend à l'ensemble du pays l'échevinage, la réaction se traduira par leur démission collective immédiate. En octobre 1997, lors du centième anniversaire de la conférence générale des tribunaux de commerce, Jean-Claude Cohade et les représentants de la juridiction consulaire ont laissé planer, face à Elisabeth Guigou, le nouveau ministre de la Justice, la même menace. À treize ans d'intervalle, les socialistes, conscients de la nécessité d'un profond changement, sont soumis à un chantage identique. Auront-ils la volonté politique de s'opposer à une institution qui remonte à plus de quatre siècles et dont le maintien ne repose plus que sur une réaction conservatrice ? Cette réforme, devenue évidente, est maintenant vitale car l'avenir du pays et de nos enfants ne peut s'accommoder d'un fléau économique et social dont on connaît à présent les tenants et aboutissants. Une politique efficace contre le chômage ne peut faire l'économie de la réforme d'un système dont la dérive est la cause d'une impressionnante et insoutenable destruction d'emplois. Plus de dix années ont déjà été perdues pour cause de faiblesse. C'est trop.

Annexe

Le Garde des Sceaux *Ministre de la Justice*	M. Jean-Max LEBEAU Député suppléant du Pas-de-Calais Résidence Saint-Pierre 34, rue de Folkestone 62 200 Boulogne-sur-Mer

Paris, le 28 novembre 1996

N/Réf : RéfTC/MPR

Monsieur,

Vous avez bien voulu appeler mon attention sur la proposition de loi présentée par Monsieur le Député Jean-Marc Chartoire qui vise à instaurer l'échevinage des tribunaux de commerce et à rendre obligatoire, avant l'ouverture d'une procédure de redressement judiciaire, la consultation des élus locaux.

J'ai l'honneur de vous faire connaître que l'originalité de l'institution consulaire repose sur le principe de l'élection des juges qui permet à des professionnels du monde économique d'être investis de la confiance de leurs pairs pour le règlement des litiges commerciaux.

L'expérience professionnelle des juges consulaires et la diversité des secteurs économiques au sein desquels ils évoluent constituent des facteurs permettant aux tribunaux de commerce de rendre, dans le strict respect des règles de droit, des décisions adaptées aux réalités économiques.

A cet égard, il convient de souligner que le taux d'appel des jugements rendus par les juridictions consulaires n'est pas plus élevé que celui des décisions des tribunaux de grande instance.

En conséquence, il ne me paraît donc nullement indispensable de modifier la composition des tribunaux de commerce et d'instaurer un système d'échevinage. J'ajoute que la réforme proposée par M. Chartoire supposerait la création de nombreux emplois de magistrats et aurait, en conséquence, des incidences budgétaires très importantes.

Par ailleurs, la proposition visant à rendre obligatoire la consultation des élus locaux avant l'ouverture d'une procédure de redressement judiciaire ne peut être retenue car elle se heurte au principe de la séparation des pouvoirs et à celui de l'indépendance des magistrats dans l'exercice de leurs missions juridictionnelles.

Il convient, en outre, de rappeler qu'il existe déjà des mécanismes permettant d'éclairer les juridictions sur les conséquences économiques locales de leurs décisions. En effet, aux termes de l'article L 412-5 du code de l'organisation judiciaire, le procureur de la République exerce le ministère public devant le tribunal de commerce et est ainsi fréquemment conduit, dans les procédures de redressement et de liquidation judiciaires, à faire valoir des considérations d'intérêt général. En outre, les procureurs généraux et les procureurs de la République siègent au sein des Comités régionaux de restructuration industrielle et des Comités départementaux d'examen des problèmes de financement des entreprises. Ils sont ainsi en mesure de faire connaître aux tribunaux les avis émis par ces comités.

En outre, je tiens à vous préciser que j'élabore actuellement un avant-projet de réforme du droit des sociétés qui vise notamment à renforcer le rôle du ministère public devant le tribunal de commerce.

Je vous prie de croire, Monsieur le Député, à l'assurance de mes sentiments les meilleurs.

Jacques TOUBON

Table

La composition de cet ouvrage
a été réalisée par Nord Compo
l'impression et le brochage ont été effectués
sur presse Cameron dans les ateliers de
Bussière Camedan Imprimeries
à Saint-Amand-Montrond (Cher),
pour le compte des Éditions Albin Michel.

Achevé d'imprimer en juillet 1998.
N° d'édition : 17755. N° d'impression : 983549/4.
Dépôt légal : juillet 1998.